Maria
mulher de nossos dias

Maria
mulher de nossos dias

DOM TONINO BELLO

Paulinas

Dados Internacionais de Catalogação na Publicação (CIP)
Angélica Ilacqua CRB-8/7057

Bello, Tonino
  Maria, mulher de nossos dias / Tonino Bello; tradução Vinícius Augusto Ribeiro Teixeira. - São Paulo: Paulinas, 2024.
  160 p. (Coleção Encontro com Maria)

  ISBN 978-65-5808-261-3
  Título original: Maria donna dei nostri giorni

  1. Maria, Virgem, Santa 2. Igreja católica 3. Vida cristã I. Título II. Teixeira, Vinícius Augusto Ribeiro III. Série

  24-0024   CDD 232.91

Índice para catálogo sistemático:
1. Maria, Virgem, Santa

Título original: Maria donna dei nostri giorni
© 2015 Edizioni San Paolo s.r.l.
Piazza Soncino 5 - 20092 Cinisello Balsamo (Milano) - ITALIA
www.edizionisanpaolo.it

Direção:	Ágda França
Editores responsáveis:	Vera Bombonatto e Antonio Francisco Lelo
Tradução:	Pe. Vinícius Augusto Teixeira, cm
Coordenadora editorial:	Marina Mendonça
Copidesque:	Ana Cecilia Mari e Andréia Schweitzer
Revisora:	Sandra Sinzato
Gerente de produção:	Felício Calegaro Neto
Capa e projeto gráfico:	Claudio Tito Braghini Junior

Nenhuma parte desta obra poderá ser reproduzida ou transmitida por qualquer forma e/ou quaisquer meios (eletrônico ou mecânico, incluindo fotocópia e gravação) ou arquivada em qualquer sistema ou banco de dados sem permissão escrita da Editora. Direitos reservados.

Cadastre-se e receba nossas informações
paulinas.com.br
Telemarketing e SAC: 0800-7010081

Paulinas
Rua Dona Inácia Uchoa, 62
04110-020 – São Paulo – SP (Brasil)
📞 (11) 2125-3500
✉ editora@paulinas.com.br

© Pia Sociedade Filhas de São Paulo – São Paulo, 2024

Sumário

Introdução à edição brasileira 7
Convite à leitura 13
1. Maria, mulher do cotidiano 15
2. Maria, mulher sem retórica 19
3. Maria, mulher da espera 23
4. Maria, mulher apaixonada 28
5. Maria, mulher grávida 33
6. Maria, mulher acolhedora 37
7. Maria, mulher do primeiro passo 41
8. Maria, mulher missionária 46
9. Maria, mulher parcial 51
10. Maria, mulher do primeiro olhar 56
11. Maria, mulher do pão 61
12. Maria, mulher de fronteira 66
13. Maria, mulher corajosa 70
14. Maria, mulher a caminho 74
15. Maria, mulher do repouso 79
16. Maria, mulher do vinho novo 84
17. Maria, mulher do silêncio 88
18. Maria, mulher obediente 93

19. Maria, mulher do serviço 97
20. Maria, mulher de verdade 102
21. Maria, mulher do povo 106
22. Maria, mulher que conhece a dança 111
23. Maria, mulher do Sábado Santo 115
24. Maria, mulher do terceiro dia 120
25. Maria, mulher da convivência 124
26. Maria, mulher do andar superior 129
27. Maria, mulher belíssima 134
28. Maria, mulher elegante 139
29. Maria, mulher de nossos dias 144
30. Maria, mulher da última hora 149
31. Santa Maria, companheira de viagem 154

Introdução à edição brasileira

Com a tradução desta obra, de ampla difusão na Itália, os leitores de língua portuguesa poderão ter mais fácil acesso a uma joia da fecunda produção literária e teológica de Dom Tonino Bello.

Mas quem foi esse homem? Antonio Bello nasceu em 18 de março de 1935, em Alessano, província de Lecce, na região da Puglia, sul da Itália. Ordenado presbítero no dia 8 de dezembro de 1957, obteve o doutorado em Teologia e exerceu seu ministério como formador de seminaristas e pároco. Em 10 de agosto de 1982, o Papa João Paulo II o nomeou bispo da Diocese de Molfetta-Ruvo-Giovinazzo-Terlizzi, onde permaneceria até o fim de seus dias. Faleceu em 20 de abril de 1993, aos 58 anos, ceifado por um câncer que lhe causou intenso sofrimento, sem, contudo, tirar-lhe a serenidade, a alegria de viver e a capacidade de irradiar esperança e paz. Do crepúsculo de seu leito de dor, divisava a aurora da ressurreição, em solidária comunhão com todos os que sofriam.

Os numerosos escritos de Dom Tonino deixam transparecer traços marcantes de sua cativante personalidade: sua aquilatada sensibilidade humana, sua espiritualidade profunda e difusiva, sua transbordante caridade pastoral, seu estilo eclesial pautado na herança do Concílio Vaticano II e caracterizado pela diaconia da caridade, seu vigoroso empenho em favor da justiça e da paz etc.

A vida e o ministério de Dom Tonino se mantiveram sempre alicerçados em uma sólida experiência de fé, centrada no mistério pascal de Jesus Cristo, alimentada por uma consistente devoção filial a Maria e traduzida em uma solicitude palpável para com os mais pobres e sofridos, cujos rostos e nomes ele levava gravados na retina de seus olhos e nas fibras de seu coração: os enfermos, os deprimidos, os desempregados, os dependentes químicos, os encarcerados, as mulheres marginalizadas, os migrantes e refugiados, as vítimas das guerras em países distantes etc. O título de seu plano de pastoral diz o bastante a respeito de sua opção fundamental: "Juntos, seguindo a Cristo no passo dos últimos".

A alma missionária de Dom Tonino se dilatava muito além das fronteiras de sua diocese e de seu país, alcançando e abraçando vítimas dos conflitos e das indigências que grassavam em nações longínquas, das quais saíam grandes levas de pessoas à procura de uma vida mais digna, segura e pacífica. Tocado por semelhantes situações, acolheu refugiados nas dependências da residência episcopal e pôs em marcha iniciativas e obras de assistência aos prófugos e desamparados. Tornou-se apreciado também por sua criatividade na ação evangelizadora e por sua proximidade entusiasta em relação aos jovens. Como presidente do movimento *Pax Christi*, viajou a alguns países do leste europeu e da África, fazendo-se paladino e promotor da reconciliação e da unidade entre povos feridos e divididos.

Tudo o que Dom Tonino via e ouvia, tudo o que contemplava e tocava, tudo o que sentia e refletia, tudo o que constituía sua vida de homem de Deus, da Igreja e dos pobres, tudo isso encontra eco em seus escritos. Sua palavra está, pois, encharcada de sua densidade mística e teológica, de sua consistência humana e moral, de sua genialidade literária e poética, de sua magnanimidade pastoral e de sua verve profética, de sua simplicidade, de sua ternura e de sua gratuidade, de sua paixão por Cristo e de sua compaixão pelos últimos.

A obra que ora apresentamos é um exemplo translúcido do que acabamos de dizer a respeito dos escritos de Dom Tonino Bello. Temos nas mãos um rosário de títulos originais atribuídos a Maria, mulher de nossos dias. Na longa esteira da Escritura, da Tradição e do Magistério da Igreja, o autor nos convida a colocar-nos – como ele o fez ao longo de sua trajetória – na companhia da Mãe de Jesus, deixando que ela nos tome pela mão e caminhe conosco pelas estradas da vida.

Contemplando e acolhendo Maria à luz da fé, tal como se fosse uma contemporânea nossa, familiar às alegrias, dores, esperanças e sobressaltos que pontilham a existência humana, poderemos ver germinar em nós as sementes de humanidade e santidade, de ternura e fortaleza que nela floresceram e frutificaram com máxima abundância e esplendor. Por sua grande profusão de metáforas, fruto da genial imaginação poética de Dom Tonino, esta obra deve ser lida em uma perspectiva simbólico-espiritual, de tal maneira que cada um se veja implicado no itinerário proposto em suas páginas.

As obras de Dom Tonino Bello e os livros sobre sua pessoa e seu legado costumam ocupar significativos espaços nas livrarias italianas. Também a internet está repleta de textos e vídeos que projetam seu testemunho para além das fronteiras literárias. Cresce ainda o número de pessoas que peregrinam ao seu túmulo em Alessano, à sua catedral em Molfetta e a outros locais que preservam sua memória e irradiam seu testemunho. O processo de canonização de Dom Tonino foi aberto em 2007.

No dia 20 de abril de 2018, por ocasião do 25º aniversário de sua morte, o Papa Francisco visitou seu túmulo e celebrou a Eucaristia no Porto de Molfetta. Assim se expressou o Papa na homilia, referindo-se àquele que se tornou conhecido como o "bispo da Igreja do avental" ("Chiesa del grembiule"): "Dom Tonino foi um bispo servo, um pastor que se fez povo. Sonhava uma Igreja faminta de Jesus e intolerante a toda mundanidade, uma Igreja que 'sabe decifrar o corpo de Cristo nos tabernáculos desconfortáveis da miséria, do sofrimento e da solidão'. Ele dizia: 'a Eucaristia não tolera o sedentarismo' e, se não faz levantar da mesa, permanece 'um sacramento incompleto'". No dia 25 de novembro de 2021, Dom Tonino Bello foi declarado Venerável.

Que esta obra-prima de Dom Tonino Bello – agora publicada no Brasil por Paulinas – ajude-nos a aprofundar e a desenvolver uma autêntica espiritualidade mariana e a dirigir-nos a Maria, Mãe de Jesus e nossa Mãe, com este trecho da oração que coroa as meditações deste livro:

Repete ainda hoje a canção do Magnificat
e anuncia o transbordamento da justiça
a todos os oprimidos da terra.
Não nos deixes sozinhos na noite a salmodiar nossos medos.
Pelo contrário, se, nos momentos de escuridão,
estiveres ao nosso lado
e nos sussurrares que tu também,
Virgem do Advento,
estás esperando a luz,
as fontes do pranto secarão em nossos rostos.
E juntos despertaremos a aurora.

Padre Vinícius Augusto Teixeira, cm

Convite à leitura

Dom Antonino Bello ou Dom Tonino nasceu em Alessano (Lecce), em 18 de março de 1935. Ordenado sacerdote em 1957, foi por muito tempo formador em seminário e pároco. Em 1982, tornou-se bispo de Molfetta, Ruvo, Giovinazzo e Terlizzi. Presidente do movimento *Pax Christi*, foi incansável promotor da paz e defensor dos pobres, aos quais oferecia abrigo em sua própria casa. É sua a definição "Igreja do avental", para indicar a necessidade da humildade e do serviço. Faleceu no dia 20 de abril de 1993. Em 2007, a Congregação para as Causas dos Santos deu início a seu processo de beatificação-canonização.

O volume que apresentamos representa a síntese mais fecunda e profunda de seu pensamento mariano. Um pensamento que, por sua vez, resume sua visão de fé, de Igreja e de mundo. Um pensamento pouco sistemático, mas imbuído de paixão, participação, ternura e lucidez. Um pensamento "orante", a ponto de ser fácil fazer de cada página uma prece, como sugere o encerramento de cada capítulo.

Trinta e um títulos marianos, trinta e uma fotos tiradas da Virgem de Nazaré, com respeito e apaixonada devoção: uma ladainha para o nosso tempo, que o mesmo Dom Tonino quis recitar no momento da sua morte, juntamente com o amigo Dom Luigi Bettazzi, bispo de Ivrea.

No projeto "Biblioteca Mariana", o presente volume vem imediatamente depois de alguns escritos dos Padres da Igreja. O salto é notável, mas, segundo nosso modesto entendimento, não é aleatório. A continuidade é garantida por um fôlego espiritual que, tanto em Dom Tonino quanto em Bernardo de Claraval e em Romano, o Melódico, une o louvor e a poesia, a invocação comovida e a índole exortativa do discurso catequético feito acessível ao grande público dos fiéis.

No texto, refulgem imagens surpreendentes e inéditas de Maria, às vezes em direções marcadamente distintas das devoções mais tradicionais. À palavra de louvor, acrescenta-se a palavra de exortação, enquanto o tom atraente da poesia não se perde em requintes literários, mas se prende, com um jogo hábil de metáforas, à existência cotidiana, à qual finalmente se dirige.

Essa referência ao hoje, de modo algum dissimulada, sela a atualidade de um escrito – uma antologia de pensamentos, ou um álbum, para permanecer na simbologia fotográfica – que tem o fascínio irresistível de um apócrifo e a urgência de um convite que nos estimula – "sem retórica", como se intitula um dos capítulos – a aprender um novo olhar sobre os outros, sobre Deus e sobre o mundo. Como Maria, a "mulher do primeiro olhar".

1

Maria, mulher do cotidiano

Quem sabe quantas vezes li essa frase do Concílio sem me emocionar. Em um final de tarde, porém, a mesma frase, citada sob uma imagem de Nossa Senhora, pareceu-me tão audaciosa que fui à fonte para verificar sua autenticidade. Mas é isso mesmo. No número 4 do decreto do Concílio Vaticano II sobre o Apostolado dos Leigos, está escrito textualmente: "Maria vivia na terra uma vida comum a todos, cheia de cuidados familiares e de trabalho".

De fato, "Maria vivia na terra". Não sobre as nuvens. Seus pensamentos não insensatos. Seus gestos tinham, como permanência obrigatória, o perímetro das coisas concretas. Embora a transcendência fosse a experiência para a qual Deus frequentemente a chamava, Maria não se sentia dispensada do esforço de estar com os pés no chão. Longe das abstrações dos visionários, como também das evasões dos descontentes ou das fugas dos ilusionistas, ela teimava em conservar seu domicílio no difícil cotidiano.

E tem mais: "Maria vivia uma vida comum a todos". Ou seja, semelhante à vida de sua vizinha. Bebia água do mesmo poço.

Triturava o trigo na mesma moenda. Sentava-se na sombra do mesmo pátio. Também ela chegava cansada à tardinha, depois da colheita no campo. Também a ela disseram um dia: "Maria, seus cabelos estão ficando brancos". Então, ela olhou seu reflexo na fonte e sentiu a nostalgia comovente de todas as mulheres quando percebem que a juventude está se esvaindo.

As surpresas, porém, não acabam aí, pois saber que a vida de Maria, como a nossa, foi tão "cheia de cuidados familiares e de trabalho" torna essa criatura tão identificada com as fadigas humanas a ponto de fazer-nos suspeitar que nossa penosa cotidianidade não deve ser tão banal quanto pensamos.

Sim, também Maria teve seus problemas: financeiros, de saúde, de convivência, de adaptação. Quem sabe quantas vezes terá voltado da lavanderia com dor de cabeça, ou preocupada demais porque José via diminuir a clientela de sua carpintaria nos últimos dias. Quem sabe em quantas portas bateu para pedir algum trabalho para Jesus na estação das olivas. Quem sabe quantas tardes passou melancolicamente virando ao avesso o casaco já surrado de José, fazendo dele um manto para que seu filho não sofresse constrangimento entre seus companheiros de Nazaré.

Como todas as esposas, Maria terá passado também por momentos de crise no relacionamento com seu marido, do qual, taciturno como era, nem sempre terá entendido os silêncios.

Como todas as mães, espreitou, entre temores e esperanças, os meandros agitados da adolescência de seu filho. Como todas as mulheres, ela também passou pelo sofrimento de não se sentir compreendida, nem mesmo pelos dois maiores amores que tinha na terra. E deve ter temido desapontá-los ou não estar à altura de seu papel. E, depois de ter dissipado em lágrimas o tormento de uma imensa solidão, terá finalmente encontrado na oração, feita em comum, o gáudio de uma comunhão sobre-humana.

***

Santa Maria, mulher do cotidiano, talvez só tu possas entender que esta nossa loucura de te reconduzir aos limites da experiência terrena, que também vivemos, não é sinal de dessacralização.

Se, por um instante, ousamos tirar-te a auréola, é porque queremos ver o quanto és bela de cabeça descoberta.

Se apagamos os holofotes apontados para ti, é porque nos parece que assim podemos mensurar melhor a onipotência de Deus que, por trás das sombras de tua carne, escondeu as fontes da luz.

Sabemos bem que foste destinada a navegações em alto--mar. Mas, se te impelimos a velejar junto à costa, não é porque queremos reduzir-te aos níveis de nossa pequena embarcação. É para que, vendo-te tão próxima das praias de nosso desencorajamento, possamos firmar a consciência de que também somos chamados a aventurar-nos, como tu, nos oceanos da liberdade.

Santa Maria, mulher do cotidiano, ajuda-nos a compreender que o capítulo mais fecundo da teologia não é aquele que te situa dentro da Bíblia ou da patrística, da espiritualidade ou da liturgia, dos dogmas ou da arte. Mas é aquele que te coloca dentro da casa de Nazaré, onde, entre panelas e teares, entre lágrimas e orações, entre novelos de lã e rolos da Escritura, experimentaste em tudo a densidade de tua feminilidade sem heroísmo, alegrias sem malícia, amarguras sem desespero, partidas sem retorno.

Santa Maria, mulher do cotidiano, livra-nos da nostalgia das epopeias e ensina-nos a considerar a vida cotidiana como o canteiro onde se constrói a história da salvação.

Solta as amarras de nossos medos para que possamos experimentar, como tu, o abandono à vontade de Deus nos meandros prosaicos do tempo e nas lentas agonias das horas. E volta a caminhar discretamente conosco, ó extraordinária criatura apaixonada pela normalidade, tu que, antes de ser coroada Rainha do Céu, engoliste o pó de nossa pobre terra.

2

Maria, mulher sem retórica

Sei bem: esta não é uma invocação para se acrescentar às ladainhas. Mas, se reformulássemos nossas orações a Maria em termos mais seculares, a primeira invocação que lhe atribuiríamos seria esta: mulher sem retórica.

Mulher de verdade, em primeiro lugar. Como Antonella, a noiva de Beppe, que ainda não pode casar porque está desempregada, e ele também está sem trabalho. Como Ângela, a cabeleireira do centro da cidade, que vive feliz com seu marido. Como Isabella, a viúva de Léo, que morreu em um naufrágio no mês passado, deixando-a sozinha com três filhos. Como Rosanna, a religiosa dos estigmas que trabalha entre os dependentes químicos da Casa de Acolhida de Ruvo.

Mulher de verdade, porque é *água e sabão*. Porque sem maquiagens espirituais. Porque, embora bendita entre todas as mulheres, passaria despercebida entre elas, se não fosse por aquele traje que Deus quis lhe confeccionar sob medida: "Vestida de sol e coroada de estrelas".

Mulher de verdade, mas, acima de tudo, mulher de poucas palavras. Não por ser tímida, como Rossella, que se cala sempre

19

por medo de errar. Não por ser indecisa, como Daniela, que se rende sistematicamente aos abusos por parte do marido, a ponto de terminar toda discussão dando-lhe sempre razão. Não por ser árida de sentimentos ou incapaz de expressá-los, como Lella que, embora repleta de emoções, nunca sabe por onde começar e permanece sempre em silêncio.

Mulher de poucas palavras, porque, apegada à Palavra, viveu de tal modo sua lancinante essencialidade a ponto de poder distinguir, sem muito esforço, o genuíno entre mil adulterados, o tecido resistente em meio a trapos, a voz autêntica em uma biblioteca de apócrifos, o quadro original num amontoado de falsificações.

Não deve haver linguagem humana tão fecunda quanto a de Maria. Feita de monossílabos tão simples quanto um "sim". Ou de sussurros tão breves quanto um *fiat*. Ou de abandonos tão completos como um "amém". Ou de reverberações bíblicas cerzidas pelo fio de uma sabedoria antiga, alimentada por silêncios fecundos.

Ícone de antirretórica, não faz pose para ninguém. Nem mesmo para seu Deus. Muito menos para os pregadores, que frequentemente a utilizaram para extravasar seus discursos prolixos.

Precisamente porque em Maria não há nada de declamatório e tudo é oração, queremos ser acompanhados por ela ao longo das curvas de nossa pobre vida, em um jejum que seja sobretudo de palavras.

***

Santa Maria, mulher sem retórica, roga por nós, incuravelmente doentes de grandiloquência. Habilidosos em usar a palavra mais para esconder os pensamentos do que para revelá-los, perdemos o gosto da simplicidade. Convencidos de que, para afirmar-nos na vida, temos de ser capazes de falar mesmo quando não há nada a dizer, tornamo-nos prolixos e incontinentes. Especialistas em tecer teias de vocábulos sobre as crateras da falta de sentido, muitas vezes nos precipitamos nas armadilhas sombrias do absurdo como moscas no tinteiro. Incapazes de ir ao cerne das coisas, criamos para nós mesmos uma alma barroca que utiliza os vocábulos como se fossem adornos e contornamos os problemas com os redemoinhos de nossa astúcia literária.

Santa Maria, mulher sem retórica, roga por nós, pecadores, em cujos lábios a palavra se esfarela em um turbilhão de sons desordenados e se desfaz em mil escamas de sotaques desesperados. Faz-se voz, mas sem jamais se fazer carne. Enche-nos a boca, mas sacia. Dá-nos a ilusão da comunhão, mas não atinge sequer a dignidade do solilóquio. E, mesmo depois de termos pronunciado tantas palavras, ainda que com elegância e em um fluxo contínuo, deixa-nos o pesar de uma indizível aridez: como as carrancas de certas fontes que não dão mais água e em cujas feições só resta a contração da zombaria.

Maria, mulher de nossos dias

Santa Maria, mulher sem retórica, cuja grandeza sobre-humana se expressa no celeríssimo frêmito de um *fiat*, roga por nós, pecadores, perenemente expostos à intoxicação das palavras, entre convalescências e recaídas. Protege nossos lábios contra a verborragia inútil. Faze que nossas vozes, reduzidas ao essencial, partam sempre dos recintos do mistério e levem o perfume do silêncio. Faze-nos como tu, sacramento da transparência. E, por fim, ajuda-nos para que, na brevidade de um "sim" dito a Deus, nos seja doce naufragar como em um mar sem fim.

Maria, mulher da espera

A verdadeira tristeza não se dá quando, ao fim do dia, não há ninguém a nossa espera em casa, mas quando já não esperamos nada da vida. Sofremos a solidão mais sombria, não quando encontramos a casa desorganizada, mas quando já não queremos arrumá-la, nem sequer para receber um eventual hóspede. Ou seja, quando pensamos que a música acabou para nós, que as brincadeiras já terminaram, que ninguém virá bater à nossa porta, que não haverá mais sobressaltos de alegria por uma boa notícia, nem reações de espanto por um imprevisto. Nem mesmo frêmitos de dor por uma tragédia humana, porque não nos resta mais ninguém com quem nos preocupar. A vida, então, corre monótona para um epílogo que nunca chega, como uma gravação em que a canção foi cortada cedo demais e continua interminavelmente, sem dizer mais nada, em direção a seu fim.

Esperar quer dizer experimentar o gosto de viver. Disseram inclusive que a santidade de uma pessoa se mede pela profundidade de suas expectativas. Talvez seja verdade. Se for assim, devemos concluir que Maria é a mais santa das criaturas, precisamente porque toda a sua vida parece marcada pelos ritmos alegres de quem espera por alguém.

A imagem inicial com que o pincel de Lucas a identifica já está carregada de esperas: "Prometida em casamento a um homem da casa de David". Ou seja, noiva. A ninguém escapa a que tipo de esperanças e emoções faz alusão essa palavra que toda mulher experimenta como prelúdio de misteriosas ternuras. Ainda antes de seu nome ser pronunciado no Evangelho, diz-se que Maria estava noiva. Virgem à espera. À espera de José, à escuta do ruído de suas sandálias no cair da tarde, quando, perfumado de madeira e verniz, ele vinha falar-lhe de seus sonhos.

Mas também na última imagem, quando Maria se despede das Escrituras, ela é vista em atitude de espera. Ali, no cenáculo, em primeiro plano, na companhia dos discípulos, à espera do Espírito. À escuta do sussurro de suas asas, no declinar do dia, quando, perfumado de unção e santidade, ele desceria sobre a Igreja para apontar-lhe sua missão salvadora.

Virgem à espera, no início. Mãe à espera, no final. E, no arco sustentado por essas duas vibrações, uma tão humana e outra tão divina, encontra-se uma centena de outras esperas comoventes. A espera por Jesus, durante nove longos meses. A espera do cumprimento de prescrições legais festejadas com migalhas de pobreza e íntimas alegrias familiares. A espera do dia, o único que ela teria desejado adiar, quando seu Filho sairia de casa e nunca mais voltaria. A espera da "hora", a única pela qual não conseguiu conter a impaciência e da qual, antecipadamente, fez transbordar a torrente de graça sobre a mesa dos homens. A espera do último suspiro do Unigênito pregado no madeiro. A espera do terceiro dia, vivido em vigília solitária diante da rocha.

Esperar: infinitivo do verbo amar. Ou melhor, no vocabulário de Maria, amar infinitamente.

***

Santa Maria, Virgem da espera, dá-nos de teu óleo, porque nossas lâmpadas se apagam. Vê, as reservas estão acabando. Não nos mandes a vendedores. Reacende em nossa alma os antigos fervores que ardiam dentro de nós quando muito pouco era suficiente para fazer-nos saltar de alegria: a chegada de um amigo distante, o céu azul depois de um temporal, o aconchego do lar num dia frio de inverno, o badalar dos sinos nos dias de festa, a chegada das andorinhas na primavera, o aroma do café coado, as canções dos trabalhadores no campo, o encurvar-se terno e misterioso do seio materno, o cheirinho que emana do berço de um bebê.

Se hoje já não sabemos esperar, é porque estamos perdendo a esperança. Suas fontes secaram. Sofremos uma profunda crise de desejo. E, agora, cercados pelas milhares de opções que nos cercam, arriscamos a não esperar mais nada, nem mesmo aquelas promessas ultraterrenas que foram firmadas com sangue pelo Deus da Aliança.

Santa Maria, mulher da espera, conforta a dor das mães por seus filhos que, tendo saído de casa um dia, nunca mais voltaram, por terem morrido em um acidente de carro, por terem sido seduzidos pelos chamados da selva, por terem se perdido na fúria da guerra, por terem sido sugados pelo turbilhão das paixões, ou por terem sido tragados pelas tempestades do mar ou da vida.

Preenche os silêncios de Antonella, que não sabe o que fazer com sua juventude depois que seu amado partiu com outra. Cumula de paz o vazio interior de Máximo, que fez tudo errado na vida e cuja única expectativa que agora o satisfaz é a da morte. Enxuga as lágrimas de Patrícia, que cultivou tantos sonhos com olhos abertos e, devido à malícia das pessoas, viu-os desvanecer um a um, ela que agora teme sonhar até com os olhos fechados.

Santa Maria, Virgem da espera, dá-nos uma alma vigilante. Tendo chegado ao terceiro milênio, sentimo-nos, infelizmente, mais filhos do crepúsculo do que profetas do advento. Sentinela da manhã, desperta em nosso coração a paixão, a paixão das boas-novas a serem trazidas ao mundo, que já parece velho. Traze-nos, finalmente, harpa e cítara, para que contigo, madrugadora, possamos despertar a aurora. Perante as mudanças que abalam a história, dá-nos sentir em nossa pele os arrepios dos começos. Faze-nos compreender que não é suficiente acolher: é preciso aguardar. Acolher é, por vezes, um sinal de resignação. Aguardar é sempre um sinal de esperança. Torna-nos, portanto, ministros da espera. E que o Senhor que vem, Virgem do Advento, nos surpreenda – também através de tua materna cumplicidade – com a lâmpada na mão.

4

Maria, mulher apaixonada

I love you. Je t'aime. Te quiero. Ich liebe Dich. Ti voglio bene. Ou seja, eu amo você.

Não sei se, no tempo de Maria, eram adotadas as mesmas mensagens de amor, tão ternas como breves orações e tão rápidas como os grafites, que as jovens de hoje escrevem furtivamente no livro de história ou nas mochilas coloridas de seus colegas de escola. Penso, no entanto, que, se não era com a caneta esferográfica em seus jeans, ou com o giz nas paredes, os adolescentes da Palestina comportavam-se da mesma forma que seus pares de hoje. Com "a pena de um ágil escriba" em uma casca de sicômoro ou com a ponta de um graveto nas areias das pastagens, deviam ter algum código para transmitir aos outros esse sentimento, antigo e sempre novo, que faz estremecer a alma de cada ser humano quando se abre ao mistério da vida: eu amo você!

Maria também experimentou aquela esplêndida estação da existência, feita de encantamentos e lágrimas, sobressaltos e dúvidas, ternura e estremecimento, na qual, como em uma taça de cristal, parecem destilar-se todos os perfumes do universo.

Também ela saboreou a alegria dos encontros, a expectativa das festas, o entusiasmo da amizade, a emoção da dança, a lisonja inocente de um elogio, a felicidade de um vestido novo. Ela crescia como um vaso nas mãos do oleiro. E todos se interrogavam sobre o mistério daquela transparência sem mancha e daquele frescor sem sombra.

Uma tarde, um rapaz chamado José tomou coragem e declarou-lhe: "Maria, eu amo você". Ela lhe respondeu, rápida como um frêmito: "Eu também". E, na íris de seus olhos, refletiram-se todas as estrelas que brilhavam no firmamento.

Suas companheiras, que despetalavam as verbenas pelos prados, não conseguiam explicar como ela conseguia conciliar seus arrebatamentos em Deus e sua paixão por uma criatura. No sábado, viam-na absorta na experiência sobre-humana do êxtase, quando, nos coros da sinagoga, cantava: "Sois vós, ó Senhor, o meu Deus! Desde a aurora ansiosa vos busco! A minh'alma tem sede de vós, minha carne também vos deseja, como terra sedenta e sem água!". Depois, à tardinha, ficavam espantadas quando, contando umas às outras suas desventuras amorosas sob a lua cheia, ouviam-na falar de seu noivo com a cadência do Cântico dos Cânticos: "Meu amado é reconhecível entre mil... Seus olhos, como pombas em riachos de água. Seu aspecto é como o do Líbano, magnífico entre os cedros". Para elas, a junção dessas duas situações exigia um esforço excessivo. Para Maria, no entanto, era como unir as duas partes de um versículo dos salmos. Para elas, o amor humano que experimentavam era como a água de uma cisterna: muito límpida, sim, mas com muitos detritos no fundo. Bastava muito pouco para que os resíduos do fundo se agitassem e a água ficasse turva. Para Maria, não. As jovens de Nazaré nunca conseguiram compreender que o amor de Maria não tinha resíduos, porque seu poço não tinha fundo.

***

Santa Maria, mulher apaixonada, sarça inextinguível de amor, temos de pedir-te perdão por termos distorcido tua humanidade. Pensávamos que só eras capaz de chamas que se elevam ao céu, mas depois, talvez por medo de contaminar-te com as coisas da terra, te excluímos da experiência das pequenas centelhas daqui de baixo. Tu, ao contrário, fogueira de caridade para com o Criador, és também nossa mestra em como amar as criaturas. Ajuda-nos, portanto, a restabelecer as absurdas dissociações com as quais, em matéria de amor, fazemos contas separadas: uma para o céu (demasiado pobre na verdade) e outra para a terra (rica em vozes, mas sem conteúdo). Faze-nos compreender que o verdadeiro amor é sempre santo, porque suas chamas partem do único fogo de Deus. Mas faze-nos compreender também que, com o mesmo fogo, além de acender lâmpadas de alegria, temos a triste possibilidade de destruir as coisas mais belas da vida.

Portanto, Santa Maria, mulher apaixonada, se é verdade, como canta a liturgia, que tu és a "Mãe do Belo Amor", acolhe-nos em tua escola. Ensina-nos a amar. É uma arte difícil, que se aprende lentamente, porque se trata de libertar as brasas, sem apagá-las, de muitas camadas de cinza. "Amar", acepção do verbo morrer, significa descentrar-se. Sair de si. Dar sem pedir. Ser discreto até o limite do silêncio. Sofrer para deixar cair as escamas do egoísmo. Mudar de rota quando a paz de um lar está em risco. Desejar a felicidade do outro. Respeitar seu destino. E afastar-se quando perceber que está perturbando sua missão.

Santa Maria, mulher apaixonada, uma vez que o Senhor te disse: "Estão em ti as minhas fontes", faze-nos perceber que é sempre o amor a rede subterrânea dessas súbitas lâminas de felicidade que, em certos momentos da vida, traspassam nosso espírito, reconciliam-nos com as coisas e nos dão a alegria de existir. Só tu podes ajudar-nos a compreender a santidade que subjaz aos arcanos movimentos do espírito, quando o coração parece parar ou bater mais forte diante do milagre das coisas: as cores do pôr do sol, o perfume do oceano, a chuva na plantação, o desabrochar das flores na primavera, os acordes de mil violinos tocados pelo vento, todas as cores do arco-íris. Sobem então do subsolo das memórias anelos religiosos de paz, que se combinam com expectativas de destinos futuros, fazendo-nos sentir a presença de Deus.

Ajuda-nos, para que, nesses rápidos momentos de enamoramento pelo universo, possamos intuir que as salmodias noturnas das monjas de clausura e o balé das bailarinas do Bolshoi têm a mesma fonte de caridade. E que a fonte inspiradora da melodia que ressoa pela manhã em uma catedral é a mesma do refrão que se ouve ao entardecer em *Una rotonda sul mare:*[1] "Fala-me de amor, Maria".

---

[1] Programa de televisão italiano dos anos 1989-1990.

5

Maria, mulher grávida

"Maria ficou três meses com Isabel; depois, voltou para casa." Dessa vez, o Evangelho não diz se ela voltou "apressadamente", como foi o caso na viagem de ida. Mas pode-se supor. De Nazaré fugira quase correndo, sem dizer nada a ninguém. Aquele incrível chamado de Deus a havia surpreendido. Era como se, de repente, uma cratera tivesse se aberto dentro de sua casinha e ela estivesse caminhando à beira do abismo. E então, para evitar cair, ela se agarrasse à montanha. Mas agora tinha que voltar. Aqueles três meses haviam sido suficientes para acalmar sua agitação interior. Perto de Isabel, havia completado o noviciado de uma gestação cujo segredo começava lentamente a desvendar. Agora era hora de descer para a planície e enfrentar os problemas concretos de toda gestante. E com mais algumas complicações. Como dizê-lo a José? E às suas companheiras, com as quais havia compartilhado, até pouco tempo antes, seus sonhos de moça apaixonada? Como explicaria o mistério que havia irrompido em seu ventre? O que diriam na aldeia?

Sim, também queria chegar rapidamente a Nazaré. Por isso, acelerava a caminhada, quase pulando sobre as pedras. Além disso, naqueles caminhos campestres, sentia-se como que levada pelo vento, ainda que as folhas das oliveiras e das videiras não a deixassem sentir a brisa, no mormaço do verão da Palestina. Para acalmar seu batimento cardíaco, que, na subida, três meses antes, não se havia alterado, sentou-se na grama. Só então se deu conta de que seu ventre havia se curvado como a vela de um barco. E entendeu, pela primeira vez, que aquela vela não estava içada em seu frágil barco de mulher, mas no grande navio do mundo, para levá-la a praias distantes.

Ela mal entrara em casa quando José, sem sequer lhe pedir que esgotasse as explicações que lhe foram dadas pelo anjo, levou-a imediatamente consigo. E ele estava feliz por estar perto dela. Atendia suas necessidades, entendia seus anseios, interpretava seus cansaços repentinos e ajudava nos preparativos para um natal, que já não tardaria.

Uma noite, ela lhe disse: "Veja, José, está se mexendo". Ele, então, colocou a mão na barriga dela, levemente como um piscar de olhos, e estremeceu de felicidade.

Maria não estava isenta das tribulações a que toda gestante está sujeita. Pelo contrário, era como se se concentrassem nela as esperanças e também os medos de todas as mães expectantes. O que será desse fruto ainda imaturo que carrego em meu ventre? As pessoas vão amá-lo? Será feliz por existir? E quanto pesará sobre mim o versículo do Gênesis: "Terá filhos em meio à dor"? Uma centena de perguntas sem respostas. Uma centena de preságios de luz. Mas também uma centena de inquietudes. Tudo isso se entrelaçava à volta de Maria, quando os parentes ficavam, à noite, lhe fazendo companhia até tarde. Ela escutava sem se perturbar. E sorria toda vez que alguém murmurava: "Apóstol que será uma menina".

***

Santa Maria, mulher grávida, criatura dulcíssima, que, em teu corpo virgem, ofereces ao Eterno uma pista de aterrissagem no tempo. Arca de ternura na qual veio encerrar-se aquele que os céus não podem conter. Nunca poderemos saber com que palavras lhe respondeste, ao senti-lo saltar sob teu coração, como se quisesse estabelecer contigo um colóquio de amor antes do tempo. Talvez naqueles momentos te perguntaste se foste tu que lhe deste os batimentos cardíacos ou se foi ele quem te emprestou os dele. Tuas vigílias eram agitadas por sonhos. Enquanto no tear, ressoando com seus carretéis, preparavas com mãos velozes fraldas de lã, tecias lentamente para ele, no silêncio de teu ventre, uma túnica de carne.

Quem sabe quantas vezes tiveste o pressentimento de que aquela túnica, um dia, haveria de ser rasgada. Invadia-te, então, um frêmito de tristeza. Mas depois voltavas a sorrir, pensando que, em pouco tempo, as mulheres de Nazaré, vindo visitar-te depois do parto, diriam: "Ele se parece em tudo com sua Mãe".

Santa Maria, mulher grávida, fonte através da qual, das encostas das colinas eternas, a água da vida desceu até nós, ajuda-nos a acolher como dom cada criatura que vem a este mundo. Não há razão que justifique a rejeição. Não há violência que legitime a violência. Não há um projeto que não possa ser preterido diante do milagre de uma vida que germina. Pedimos-te, fica ao lado de Marilena que, aos quarenta anos, se desespera porque não consegue aceitar uma maternidade indesejada. Apoia Rosária, que não sabe como enfrentar as pessoas depois da partida do homem que a engravidou, deixando-a com seu destino de mãe solteira. Sugere palavras de perdão a Lúcia, que, depois daquela loucura, não consegue ter paz e encharca seu travesseiro todas as noites com lágrimas de arrependimento. Cumula de alegria a casa de Antonieta e Marco, onde nunca ressoará o choro de uma criança, e dize-lhes que a solidez do amor que os une já é suficiente para preencher toda a sua existência.

Santa Maria, mulher grávida, agradeço, pois, se carregaste Jesus em teu ventre durante nove meses, estás carregando-nos a vida toda. Dá-nos tuas feições. Modela-nos sobre teu rosto. Comunica-nos os traços de teu espírito. Pois, quando o *dies natalis* chegar para nós, se as portas do céu se nos abrirem de par em par, sem esforço, será apenas por causa de nossa, ainda que pálida, semelhança contigo.

6

Maria, mulher acolhedora

A frase se encontra em um texto do Concílio Vaticano II e é esplêndida em doutrina e concisão. Ela diz que, ao anúncio do anjo, a Virgem Maria "acolheu no coração e no corpo o Verbo de Deus".

No coração e no corpo, isto é, foi discípula e Mãe do Verbo. Discípula, porque se pôs à escuta da Palavra e a conservou sempre no coração. Mãe, porque ofereceu seu ventre à Palavra e a guardou por nove meses na arca de seu corpo. Santo Agostinho ousa dizer que Maria foi maior por ter acolhido a Palavra em seu coração do que por tê-la acolhido em seu ventre.

Para entender em profundidade a beleza dessa verdade, talvez o vocabulário não seja suficiente. É preciso recorrer a expressões visuais. Sendo assim, nada melhor do que se referir a um célebre ícone oriental que retrata Maria com o divino Filho Jesus gravado em seu peito. Ela é indicada como "Nossa Senhora do Sinal", mas poderia ser chamada de "Nossa Senhora do Acolhimento", pois, com os antebraços erguidos, em atitude de oferenda ou rendição, aparece como o símbolo vivo da mais gratuita hospitalidade.

Acolhe no coração. Isso quer dizer que em seus pensamentos Maria deu espaço aos pensamentos de Deus, sem, contudo, sentir-se reduzida ao silêncio. Ofereceu generosamente o terreno virginal de seu espírito à germinação do Verbo, mas não se considerou expropriada de nada. Cedeu-lhe, com alegria, o solo mais inviolável de sua vida interior, mas sem ter que reduzir os espaços de sua liberdade. Deu abrigo estável ao Senhor nos recantos mais secretos de sua alma, mas não sentiu sua presença como uma invasão.

Acolhe no corpo. Isso quer dizer que Maria sentiu o peso físico de outro ser que fez morada em seu ventre de mãe. Adaptou, portanto, seus ritmos aos de seu hóspede. Modificou seus hábitos para se adequar a uma tarefa que certamente não tornava sua vida mais leve. Consagrou seus dias à gestação de uma criatura que não lhe pouparia preocupações e incômodos. E, como o fruto bendito de seu seio era o Verbo de Deus encarnado para a salvação da humanidade, compreendeu que havia contraído com todos os filhos de Eva uma dívida de acolhimento que haveria de pagar com lágrimas.

Acolhe no coração e no corpo o Verbo de Deus. Essa hospitalidade fundamental diz muito sobre o estilo de Maria, sobre as inúmeras acolhidas das quais o Evangelho não fala, mas que não são difíceis de intuir. Ninguém jamais foi rejeitado por ela. E todos encontraram abrigo sob sua sombra. Das vizinhas de casa às antigas companheiras de Nazaré. Dos parentes de José aos amigos de juventude de seu Filho. Dos pobres do entorno aos peregrinos que passavam. De Pedro em lágrimas, após a traição, até Judas, que talvez não a tenha encontrado em casa naquela noite.

***

Santa Maria, mulher acolhedora, ajuda-nos a acolher a Palavra no íntimo do nosso coração. Ajuda-nos a entender, assim como tu soubeste fazer, as irrupções de Deus em nossa vida. Ele não bate à porta para despejar-nos, mas para inundar de luz nossa solidão. Ele não entra em casa para algemar-nos, mas para restituir-nos o sabor da verdadeira liberdade. Sabemos que é o medo do novo que, muitas vezes, nos torna inóspitos para com o Senhor que vem. As mudanças nos incomodam. E porque ele confunde sempre os nossos pensamentos, questiona nossos planos e mina nossas certezas, toda vez que ouvimos seus passos, evitamos encontrá-lo, escondendo-nos atrás da cerca, como Adão detrás das árvores do Éden. Faze-nos compreender que, se Deus estraga os nossos planos, não arruína a nossa festa; se perturba nosso sono, não nos tira a paz. E, quando o tivermos acolhido no nosso coração, nosso corpo também brilhará com sua luz.

Santa Maria, mulher acolhedora, torna-nos capazes de gestos hospitaleiros para com os irmãos. Vivemos tempos difíceis, nos quais o perigo de sermos enganados pela maldade das pessoas faz-nos viver entre portas blindadas e sistemas de segurança. Não confiamos mais uns nos outros. Vemos emboscadas em todos os lugares. A suspeita se tornou orgânica em nossas relações com o próximo. O terror de sermos enganados tomou conta dos instintos de solidariedade que carregamos dentro de nós. E o coração se desfaz atrás dos portões de nossos recintos. Dispersa, pedimos-te, nossas desconfianças. Faze-nos sair das trincheiras dos egoísmos corporativos. Rompe os cinturões das coligações. Liberta-nos de nossa falta de receptividade diante de quem é diferente de nós. Derruba nossas fronteiras: as fronteiras culturais mais do que as geográficas. Essas últimas já estão desmoronando sob o impacto de "outros" povos, mas as primeiras permanecem tenazmente impermeáveis. Visto que somos obrigados a acolher os estrangeiros em nosso território, ajuda-nos para que possamos acolhê-los também no coração de nossa civilização.

Santa Maria, mulher acolhedora, ostensório do corpo de Jesus deposto da cruz, recebe-nos de joelhos quando também nós tivermos entregado nosso espírito. Dá à nossa morte a quietude confiante de quem repousa a cabeça sobre o ombro de sua Mãe e adormece serenamente. Mantém-nos por um instante em teu regaço, assim como nos guardaste no teu coração por toda a vida. Cumpre em nós os rituais das últimas purificações. E, finalmente, carrega-nos em teus braços diante do Eterno. Pois, somente se formos apresentados por ti, sacramento da ternura, poderemos encontrar piedade.

7

Maria, mulher do primeiro passo

Preciso perguntar aos especialistas. Na verdade, não consigo entender por que aquela palavra no texto grego, que me parece tão densa de significados, nunca chegou às nossas traduções. Explico-me. Quando, no primeiro capítulo de seu Evangelho, Lucas diz que, tendo o anjo partido de Nazaré, "Maria partiu sem demora para uma cidade na região montanhosa de Judá", no texto original, após a palavra Maria, há o particípio: *anastàsa*. Literalmente, significa: "levantou-se". E poderia ser uma locução estereotipada: um daqueles muitos termos repetitivos, ou seja, daqueles que em nossos discursos funcionam como ligação entre uma narrativa e outra. Se assim fosse, dada sua insignificância expressiva, a omissão seria plenamente justificada. Mas, observando bem, a palavra *anastàsa* tem a mesma raiz que o substantivo *anàstasis*, o vocábulo clássico que indica o evento central de nossa fé, ou seja, a ressurreição do Senhor. Portanto, poderia ser facilmente traduzido como "ressuscitada".

41

E então, dado que Lucas relê a infância de Jesus à luz dos acontecimentos pascais, será que é realmente inoportuno suspeitar que a palavra *anastàsa* seja algo mais do que um estereótipo inexpressivo? Ao invés disso, seria arriscado pensar que queira aludir a Maria como símbolo da Igreja "ressuscitada" que, com toda pressa, se move para levar as boas-novas ao mundo? É um pouco demais afirmar que, sob aquela palavra, está condensada a tarefa missionária da Igreja, que, após a ressurreição do Senhor, tem a tarefa de levar Jesus Cristo em seu âmago para oferecê-lo aos outros, como justamente fez Maria com Isabel? É apenas uma ideia.

Uma conclusão, entretanto, parece-me evidente: ainda que a palavra *anastàsa* não tenha essa densidade teológica de que falei, ela sublinha pelo menos uma coisa: a determinação de Maria. É ela quem decide mover-se primeiro: não é requisitada por ninguém. É ela que inventa essa viagem: não recebe sugestões de fora. É ela que resolve dar o primeiro passo: não espera que outros tomem a iniciativa. Por meio do discretíssimo aceno do anjo, teve a percepção de que sua parente deveria estar em sérias dificuldades. Então, sem colocar obstáculos e sem se perguntar se lhe cabia ou não tomar a iniciativa, fez as malas e partiu! Subiu as montanhas da Judeia. "Sem demora", põe-se a caminho ou, como traduz alguém, "com preocupação". Através desses rápidos vislumbres verbais, temos todos os elementos para perceber o estilo proativo de Maria, que nada tem de invasivo. Um estilo confirmado também nas bodas de Caná, quando, tendo intuído o desconforto dos noivos, sem que lhe fosse solicitado, moveu a primeira peça e deu um xeque-mate.

Tinha mesmo razão Dante Alighieri ao afirmar que a benignidade da Virgem não socorre apenas aqueles que a ela recorrem, mas, "muitas vezes, livremente, ela precede o pedido".

***

Santa Maria, mulher do primeiro passo, dulcíssima ministra da graça prévia de Deus, "levanta-te" mais uma vez sem demora e vem ajudar-nos antes que seja tarde demais. Precisamos de ti. Não espere que te imploremos. Antecipa-te a cada um de nossos gemidos de piedade. Toma o direito de precedência em relação a todas as nossas iniciativas. Quando o pecado nos dominar e paralisar a nossa vida, não esperes por nosso arrependimento. Previne nosso grito de ajuda. Corre imediatamente em nossa direção e recria a esperança ao redor de nossas derrotas. Se não chegares a tempo, seremos incapazes até mesmo de ter remorso. Se não fores tu a primeira a mover-te, permaneceremos na lama. E, se não fores tu a cavar cisternas de nostalgia em nosso coração, não sentiremos sequer a necessidade de Deus.

Santa Maria, mulher do primeiro passo, quem sabe quantas vezes em tua vida terrena terás surpreendido as pessoas ao te antecipares sempre a todos nas horas do perdão.

Quem sabe com que solicitude, depois de ter sofrido injustiça por parte de uma vizinha, te "levantaste" primeiro e bateste na porta dela e a libertaste de seu desconforto e não desdenhaste de seu abraço. Quem sabe com que ternura, na noite da traição, te "levantaste" para recolher em teu manto o pranto amargo de Pedro. Quem sabe com que palpitação no coração saíste de casa para desviar Judas do caminho do suicídio: que pena que não o encontraste! Mas é possível apostar que, após a deposição de Jesus, foste também retirar Judas da árvore e lhe terás juntado os membros na paz da morte. Dá-nos, pedimos-te, força para tomar a inciativa, sempre que for necessário oferecer perdão. Torna-nos, como tu, especialistas no primeiro passo. Não nos permitas deixar para amanhã um encontro de paz que possamos realizar hoje. Apressa nossas indecisões. Afasta-nos de nossas perplexidades calculadas. Liberta-nos da tristeza de nossas extenuantes expectativas. E ajuda-nos para que nenhum de nós faça nosso irmão ficar repetindo com desprezo, sob pressão: é a tua vez de mover-te primeiro!

Santa Maria, mulher do primeiro passo, especialista como nenhuma outra no método preventivo, hábil em preceder a todos nos jogos, muito rápida em antecipar os movimentos nas partidas da salvação, antecipa também o movimento do coração de Deus. Assim, quando batermos à porta do céu e comparecermos perante o Eterno, antecipará sua sentença. "Levanta-te" pela última vez de teu trono de glória e vem ao nosso encontro. Toma-nos pela mão e cobre-nos com teu manto. Com um lampejo de misericórdia nos olhos, antecipa seu veredicto de graça. E estaremos certos do perdão. Pois a maior felicidade de Deus é a de ratificar o que tu decidiste.

8

Maria, mulher missionária

Os especialistas nos asseguram que esse é o texto mariano mais antigo do Novo Testamento. Encontra-se no capítulo 4 da Carta aos Gálatas: "Quando chegou a plenitude dos tempos, Deus enviou seu Filho, nascido de mulher".

Mesmo em sua sobriedade, é uma passagem que expressa um poder evocativo incomparável, não só porque nos fala de um período maduro para a redenção, mas também porque, com aquele "nascido de mulher", nos faz compreender duas coisas muito importantes: o enraizamento do Eterno no tronco da humanidade e o enraizamento de Maria no projeto salvífico de Deus.

Entretanto, pessoalmente, o que mais me impressiona nessa frase não é tanto a afirmação explícita da maternidade divina de Maria, mas o fato de que ela, desde o seu tímido ingresso no vasto cenário bíblico, comparece ao lado de um missionário. Sim, porque Jesus Cristo é apresentado nesse texto como o grande enviado de Deus. De fato, o verbo "enviado" é o termo típico para indicar "missão", qualifica o Filho de uma forma muito clara como o apóstolo do Pai.

Sendo assim, não parece esplêndido que Maria, ao aparecer no limiar da história da salvação, tenha vindo a público pela primeira vez intimamente associada ao grande missionário, quase para significar que o traço fundamental de sua figura materna é o da missionariedade?

Certamente, há muitas passagens no Evangelho que manifestam mais concretamente a função missionária de Maria. Bastaria pensar na visita à sua prima Isabel. Parece até que a Virgem se move sob o impulso do mesmo verbo que incitou o anjo Gabriel a trazer a boa-nova a Nazaré: "Foi enviado".

"Missus est Angelus Gabriel a Deo." Foi enviado! O impacto desse verbo é muito forte: não se tendo esgotado com a descida do anjo à terra, verteu o dinamismo que lhe restou sobre Maria, que se pôs a caminho para as alturas da Judeia.

Em síntese, ela também foi enviada. Na origem de seu deslocamento, há mais uma vez o típico verbo missionário. Maria obedeceu àquele impulso. E, carregando Cristo em seu ventre, tornou-se o primeiro ostensório dele, inaugurou as procissões de Corpus Christi e levou anúncios de libertação aos parentes distantes. À luz dessa e de outras passagens, poder-se-ia pensar que se fala de Maria como mensageira da boa-nova. Parece-me, entretanto, que, se quisermos discernir sua dimensão missionária, não há episódio bíblico que possa igualar-se à densa força teológica daquele seu exórdio ao lado de Cristo delineado na Carta aos Gálatas.

***

Santa Maria, mulher missionária, concede à tua Igreja a alegria de redescobrir, escondidas no terreno do verbo "enviar", as raízes de sua vocação primordial. Ajuda-a a medir-se com Cristo e com mais ninguém: como tu, que, aparecendo ao lado dele, o grande missionário de Deus, no alvorecer da revelação do Novo Testamento, escolheu--o como a única medida de tua vida. Quando a Igreja se detém dentro de suas tendas, onde não chega o grito dos pobres, dá-lhe a coragem de sair dos acampamentos. Quando ela se sentir tentada a petrificar a mobilidade de seu domicílio, remove-a de suas aparentes seguranças. Quando se adaptar às posições alcançadas, sacode-a de sua vida sedentária. Enviada por Deus para a salvação do mundo, a Igreja existe para caminhar, não para acomodar-se. Já que ela é nômade como tu, põe em seu coração uma grande paixão pelo ser humano. Virgem grávida como tu, aponta-lhe a geografia do sofrimento. Mãe itinerante como tu, enche-a de ternura para com todos os necessitados. E faze que não se preocupe com nada mais do que apresentar Jesus Cristo, como fizeste com os pastores, com Simeão, com os magos do Oriente e com mil outros personagens anônimos que aguardavam a redenção.

Santa Maria, mulher missionária, nós te imploramos por todos aqueles que, tendo percebido, mais do que os outros, o comovente fascínio do ícone que te retrata ao lado de Cristo, o enviado especial do Pai, deixaram seus mais caros afetos para anunciar o Evangelho em terras distantes. Sustenta-os em suas fadigas. Restaura-os em seus cansaços. Protege-os de todo perigo. Dá aos gestos com os quais se curvam sobre as chagas dos pobres os traços de tua virginal ternura. Põe palavras de paz em seus lábios. Concede que a esperança com que promovem a justiça terrena não se sobreponha às expectativas sobre-humanas de novos céus e nova terra. Povoa sua solidão. Atenua em suas almas as dores da saudade. Quando quiserem chorar, oferece-lhes teu ombro materno. Torna-os testemunhas da alegria. Sempre que vierem até nós, emanando odores de trincheira, que possamos acolher seu entusiasmo. Ao comparar-nos com eles, que nossa ação pastoral pareça sempre mais lenta, nossa generosidade mais pobre, nossa opulência mais absurda. E, ao recuperarmo-nos de tantos atrasos culpáveis, que possamos finalmente correr para repará-los.

Santa Maria, mulher missionária, revigora nossa vida cristã com aquele ardor que te impulsionou, portadora de luz, pelas estradas da Palestina. Ânfora do Espírito, derrama teu crisma sobre nós, para que possamos colocar em nosso coração a saudade dos "extremos confins da terra".

E, mesmo que a vida nos prenda aos meridianos e aos paralelos onde nascemos, faze, igualmente, que sintamos

49

o suspiro das multidões que ainda não conhecem Jesus. Abre nossos olhos para que saibamos divisar as aflições do mundo. Não impeças que o clamor dos pobres nos tire a quietude. Tu que, na casa de Isabel, proferiste o mais belo cântico da teologia da libertação, inspira-nos a audácia dos profetas. Faze que, em nossos lábios, as palavras de esperança não ressoem mentirosas. Ajuda-nos a pagar com alegria o preço de nossa fidelidade ao Senhor. E livra-nos da resignação.

9

Maria, mulher parcial

Não, ela não foi neutra. Basta ler o *Magnificat* para dar-se conta de que Maria tomou partido e ficou do lado dos pobres, é claro. Dos humilhados e ofendidos de todos os tempos, dos discriminados pela maldade humana e dos excluídos por força das circunstâncias. Enfim, de todos aqueles que não são levados em conta pela história.

Não quero endossar certas interpretações que favorecem uma leitura puramente política do *Magnificat*, como se fosse, na luta contínua entre oprimidos e opressores. Significaria reduzir enormemente os horizontes dos sentimentos de Maria, que cantou libertações mais profundas e mais duradouras do que aquelas provocadas por meras revoltas sociais. Embora englobem as questões sociais, seus acentos proféticos vão além das reivindicações de uma justiça terrena e abalam o quadro de iniquidades muito mais radicais.

Entretanto, o fato é que, em âmbito histórico, Maria fez uma escolha precisa. Ela se colocou ao lado dos derrotados. Decidiu jogar no time que perde. Escolheu agitar como bandeira os trapos dos infelizes e não empunhar os galardões brilhantes dos dominadores. Alistou-se, por assim dizer, no exército dos pobres. Mas sem apontar armas contra os ricos. Ao contrário, preferiu convidá-los à deserção, entoando canções carregadas de nostalgia diante de seus acampamentos, para que pudessem ouvi-las do outro lado. Exaltou, assim, a misericórdia de Deus, e nos revelou que também ele é parcial, pois assume a defesa dos humildes e dispersa os soberbos de coração; estende seu braço em favor dos fracos e derruba os violentos de seus pedestais; sacia de bens os famintos e se deleita em despedir com as mãos vazias os que têm muitas posses.

Alguém talvez poderá achar esse discurso discriminatório e se perguntará como a posição de Maria ao lado dos pobres poderá ser conciliada com a universalidade de seu amor e com sua reconhecida ternura pelos pecadores, dos quais os soberbos, os prepotentes e os sem coração são considerados o grupo mais preocupante. A resposta não é simples. Mas torna-se clara, caso se reflita que Maria não é como algumas mães que, por amor a uma vida tranquila, concordam com todos e, para não causar problemas, acabam condescendendo aos abusos dos filhos mais maldosos. Não. Ela toma uma posição. Sem ambiguidades e sem meias medidas. O lado que ela escolhe ficar, no entanto, não é o da fortaleza das reivindicações de classe, nem o da trincheira dos interesses de um grupo, mas sim o único terreno no qual ela espera que um dia, superados os conflitos, todos os seus filhos, ex-oprimidos e ex-opressores, feitos novamente irmãos, possam encontrar finalmente sua libertação.

***

Santa Maria, mulher parcial, quão distantes estamos de tua lógica! Tu te confiaste a Deus e, como ele, apostaste tudo pelos pobres, colocando-te ao lado deles e fazendo da pobreza o sinal mais claro de teu abandono total em Deus, o qual "escolheu o que é loucura para envergonhar os sábios, escolheu o que para o mundo é fraqueza para envergonhar o que é forte e escolheu o que no mundo não tem nome nem prestígio, aquilo que é nada, para assim mostrar a nulidade dos que são alguma coisa" (1Cor 1,27-29). Nós, ao contrário, buscamos segurança. Não desejamos correr riscos. Queremos proteger-nos dos imprevistos. O estilo arriscado do Senhor pode estar certo, mas preferimos a praticidade rotineira de nossos planos. Assim, ainda que declamando os paradoxos de Deus, continuamos a confiar na força e no prestígio, no dinheiro e na astúcia, no sucesso e no poder. Quando, seguindo teu exemplo, tomaremos a decisão de fazer escolhas que humanamente parecem perdidas, na convicção de que, somente passando para o teu lado, poderemos redimir-nos e redimir?

Santa Maria, mulher parcial, afasta-nos da tentação de servir a dois senhores. Obriga-nos a sair ao descoberto. Não nos deixes ser tão imprudentes a ponto de querermos a impossível conciliação de opostos. Preserva-nos do sacrilégio de legitimar, por um sentido mal compreendido da universalidade cristã, a violência perpetrada contra os oprimidos. Quando fazemos desconto ao preço da verdade, para não desagradar os poderosos ou por medo de perder seus favores, faze nosso rosto corar de vergonha. Livra-nos da indiferença diante das injustiças e de seus promotores. Dá-nos a tolerância, que é uma atitude que só pode ser experimentada quando se está do lado em que te colocaste. Porque, afinal de contas, nós também somos parciais. Contudo, os contextos que nos envolvem exalam excomunhão, cheiram a seita, são desprovidos de expectativa e não têm perfume de libertação iminente.

Santa Maria, mulher parcial, nós te pedimos pela Igreja de Deus, que, ao contrário de ti, ainda se afadiga tanto para alinhar-se corajosamente com os pobres. Em teoria, declara a "opção preferencial" em favor deles. Mas, na prática, muitas vezes, permanece seduzida pelas manobras monopolizadoras dos poderosos. Nas formulações de seus projetos pastorais, decide "partir dos últimos". Mas, nos percursos concretos de seus itinerários, mantém-se prudentemente sob proteção, andando de braços dados com os primeiros. Ajuda-a a sair de sua pávida neutralidade. Dá-lhe o orgulho de se redescobrir como uma consciência crítica das estruturas de pecado que esmagam os indefesos e empurram dois terços do mundo para cotas subumanas. Inspira-lhe confiança. E coloca em seus lábios as cadências subversivas do *Magnificat*, cujos acordes ela, às vezes, parece ter perdido. Só assim a Igreja poderá dar testemunho vivo da verdade e da liberdade, da justiça e da paz. E os homens se abrirão, mais uma vez, à esperança de um mundo novo. Como aconteceu naquele dia, há dois mil anos, nas montanhas de Judá.

10

Maria, mulher do primeiro olhar

Sim, ela foi a primeira a pousar os olhos sobre o corpo desnudo de Deus. E o envolveu imediatamente com seu olhar, mesmo antes de o cobrir com faixas. De fato, ela logo o enfaixou com panos, como se fosse para conter a luz daquele corpo e não ficar cega. Ali estava ele, o esperado das nações, beijado pelos olhos de Maria, como um cordeiro trêmulo tocado por sua mãe.

Os patriarcas haviam antevisto sua chegada desde séculos remotos, mas, apesar de erguerem as sobrancelhas grisalhas, não tiveram a alegria de vê-lo. Os profetas, com vaticínios carregados de mistério, haviam desenhado seu rosto, mas seus olhos se fecharam sem poder divisá-lo de perto. Os pobres sentiram mil sobressaltos ao ouvirem rumores de notícias, mas tiveram que se contentar em persegui-lo em seus sonhos. Nas noites de inverno, os pastores, ao crepitar da fogueira, falavam daquele que estava por vir. E seus olhos, enquanto piscavam para suportar a chama dos sarmentos, reluziam de ardor. Nas tardes de primavera, densas de presságios, os pais apontavam para seus filhos as estrelas do firmamento e os acalmavam com as cadências das antigas elegias: "Oh, se tu rasgasses os céus e descesses." (Is 64,1). Então, fechavam as pálpebras também eles, cansados de perscrutar. As meninas judias, perfumadas de gerânios e desejos, confidenciavam, umas às outras, ingênuos pressentimentos de arcana maternidade. Mas, no lampejo das pupilas, imediatamente se manifestava a mais doce melancolia de quem nunca será escutado.

Olhos de anciãos e crianças. Olhos de exilados e oprimidos. Olhos de sofredores e sonhadores. Quantos olhos dirigidos para ele! Anelando pela visão de seu rosto, desiludidos por atrasos imprevistos, cansados de longas vigílias, flamejantes por esperanças subjugadas, soterrados para sempre após a última invocação pungente: "Ostende faciem tuam!" [Mostra-nos teu rosto].

E ei-lo finalmente ali, o Emanuel, banhado pelas lágrimas da parturiente que cintilam como pedras preciosas ao brilho da lamparina. Os olhos de Maria tremem de amor sobre o corpo de Jesus. Em suas profundezas, reacende-se uma longa cadeia de olhares acalentados no passado. Em suas pupilas, concentra-se a trepidação de seculares expectativas. E, em sua íris, as chamas adormecidas sob as cinzas do tempo são repentinamente despertadas. Maria torna-se, assim, a mulher do primeiro olhar. Somente uma criatura como ela, por outro lado, poderia dignamente dar as boas-vindas ao Filho de Deus na terra, acariciando-o com olhos transparentes de santidade. Depois dela, muitos outros terão o privilégio de vê-lo. José o verá. Os pastores o verão. Mais tarde, Simeão o verá e morrerá em paz porque seus olhos puderam contemplar a salvação de Deus.

Mas foi Maria a primeira a enfaixá-lo com a trama calorosa de seu olhar, na noite perfumada de musgo e estábulo, para que o feno não o machucasse e o frio não o congelasse. Mulher do primeiro olhar: ou seja, escolhida há séculos eternos para ser, depois de uma floresta de expectativas, uma margem cristalina banhada pelo rio da graça.

***

Santa Maria, mulher do primeiro olhar, dá-nos a graça do maravilhamento. O mundo nos roubou a capacidade de admirar-nos. Não há arrebatamento em nossos olhos. Estamos cansados de aguçar nossa visão, porque não há mais chegadas previstas. A alma está seca como o leito de uma torrente sem água. As camadas profundas do fascínio secaram. Vítimas do tédio, levamos uma vida árida de êxtase. Somente coisas já vistas desfilam diante de nossos olhos, como cenas de um filme repetidas várias vezes. Perdemos o momento em que o primeiro cacho de uva amadurece na videira. Vivemos estações sem primícias de colheitas. Ao contrário, já sabemos que sabor cada fruto esconde sob sua casca. Tu que experimentaste as surpresas de Deus, restitui-nos, te pedimos, o gosto das experiências que salvam, e não nos poupes a alegria de encontros decisivos que têm o gosto da "primeira vez".

Santa Maria, mulher do primeiro olhar, dá-nos a graça da ternura. Tuas pálpebras, naquela noite, acariciavam o Cordeiro deitado a teus pés com um caloroso tremor de asas. As nossas, porém, descansam sobre coisas, pesadas como pedras. Passam por cima da pele, ásperas como panos de chão. Ferem os rostos, como lâminas de barbear. Teus olhos revestiram de caridade o Filho de Deus. Os nossos, por outro lado, despojam avidamente os filhos dos homens. No primeiro contato de tuas pupilas com a fonte de luz, iluminam-se os olhares das gerações passadas. Quando, por outro lado, abrimos nossas órbitas, contaminamos também as coisas mais santas e apagamos os olhares das gerações futuras. Tu que sempre levaste em teus olhos incontaminados os reflexos da transparência de Deus, ajuda-nos para que possamos experimentar toda verdade das palavras de Jesus: "A lâmpada do corpo é o olho; se, portanto, teu olho estiver iluminado, todo teu corpo estará na luz" (Mt 6,22).

Santa Maria, mulher do primeiro olhar, agradecemos-te, pois, inclinada sobre aquele menino, nos representas a todos, tu que foste a primeira criatura a contemplar a carne de Deus feito homem. Queremos olhar-nos pela janela de teus olhos para desfrutar contigo destas primícias. Mas és tu também a primeira criatura da terra que Deus viu com seus olhos de carne: queremos agarrar-nos às tuas vestes para partilhar contigo desse privilégio. Agradecemos-te, incomparável amiga de nossos Natais, esperança de nossas solidões, conforto de nossos presépios gélidos sem coros de anjos e sem tropas de pastores. Perdoa-nos se nossos olhares estão voltados para outros lugares, se perseguimos outros rostos, se corremos atrás de outros semblantes. Tu sabes, porém, que, no fundo de nossa alma, permanece a saudade daquele olhar. Ou melhor, daqueles olhares: do teu e do dele. Por isso, olha também para nós, Mãe de Misericórdia, sobretudo quando sentimos que só resta tu a querer-nos bem.

11

Maria, mulher do pão

"E o colocou na manjedoura." No espaço de poucas linhas, a palavra manjedoura é repetida três vezes. Considerando o estilo de Lucas, isso se mostra muito suspeito. Não há dúvida de que o evangelista está fazendo alguma alusão especial. Ele, o pintor, quer retratar Maria na atitude de quem enche o cesto vazio na mesa. Se é verdade que na manjedoura se coloca o alimento para os animais, não é difícil ler, naquele gesto atribuído a Maria, a intenção de apresentar Jesus, desde sua primeira aparição, como alimento do mundo. Ou melhor, como o pão do mundo.

Embaixo, a palha para os animais. Em cima da palha, o trigo moído e cozido para os homens. Na manjedoura, envolto em faixas como em uma cândida toalha de mesa branca, o pão vivo descido do céu. Ao lado da manjedoura, como se estivesse diante de um tabernáculo, a fornalha daquele pão. Maria tinha compreendido bem seu papel desde que se vira conduzida pela Providência para dar à luz longe de seu país, lá em Belém, que quer dizer, precisamente, *casa do pão*. Por isso, na noite da rejeição, ela usou a manjedoura como o cesto de uma mesa.

Quase como se antecipasse, com aquele gesto profético, o convite que Jesus, na noite da traição, teria dirigido ao mundo inteiro: "Tomai e comei, todos vós: isto é o meu corpo que será entregue por vós". Maria, portadora de pão. E não apenas do pão espiritual.

Deformaríamos sua figura se a subtraíssemos da preocupação humana daqueles que se afadigam para não deixar vazia a mesa de sua casa. Sim, ela lutou pelo pão material. E, às vezes, quando não conseguiu obtê-lo, pode ter chorado em segredo. Como aquela outra Maria, pobre mulher, que vive em um cômodo com vários filhos e um marido desempregado, e que, por falta de dinheiro, não consegue mais comprar fiado nem mesmo no mercadinho.

Jesus deve ter lido nos olhos esplendentes de sua Mãe o tormento da falta de pão e o êxtase de seu aroma, quando, saído do forno, se esfarela na toalha da mesa em um arquipélago de migalhas ao ser partido. É por isso que, no Evangelho, há tanto regozijo de pão, o mesmo que, ao dividir-se, se multiplica, e, passando de mão em mão, sacia a fome dos pobres sentados sobre a relva e transborda nos doze cestos restantes. Com efeito, no centro da oração dirigida ao Pai, Jesus inseriu o pedido do pão de cada dia. E nos deixou o estímulo para implorar da Mãe a graça de uma justa distribuição, de modo que nenhum dos filhos fique em jejum.

***

Santa Maria, mulher do pão, quem sabe quantas vezes na casa de Nazaré experimentaste também tu a pobreza da mesa, que terias desejado menos indigna do Filho de Deus. E, como todas as mães da terra preocupadas em preservar os filhos adolescentes das privações, te adaptaste às mais pesadas fadigas para que não faltasse a Jesus uma tigela de legumes sobre a mesa, nem um punhado de figos nos bolsos de sua túnica. Teu pão era fruto de suor, não de lucros. Como, aliás, o de José, ele que, na oficina de carpinteiro, ficava muito contente quando dava os últimos toques em um banco que trocaria por um alforje de trigo. E, nos dias do forno, quando o cheiro dos pãezinhos quentes superava o de verniz, ele te ouvia cantar do outro lado, enquanto Jesus, observando-te por detrás do armário, também dava os últimos retoques às suas futuras parábolas: "O Reino dos Céus é como o fermento que uma mulher toma e mistura com três medidas de farinha." (Mt 13,33).

Santa Maria, mulher do pão, tu que viveste o sofrimento daqueles que lutam para sobreviver, revela-nos o sentido da aritmética alucinante da miséria, com a qual os povos menos favorecidos um dia apresentarão as contas perante o tribunal de Deus. Tem misericórdia dos milhões de seres humanos dizimados pela fome. Torna-nos sensíveis à provocação de seu grito. Não nos poupes das inquietudes diante das cenas de crianças tragicamente colhidas pela morte agarradas aos áridos seios maternos. E que cada pedaço de pão que nos sobra coloque em crise nossa confiança na atual ordem econômica, que parece garantir apenas os interesses dos mais fortes. Tu – cuja imagem, quase como um amuleto, compaixão de mãe ou ternura de uma esposa, é furtivamente escondida na bagagem do migrante ou na mala daqueles que confiam suas vidas ao mar em busca de melhor sorte – tempera as lágrimas dos pobres, cuja terra natal se tornou amarga demais, e alivia sua solidão. Que eles não sejam expostos à humilhação da rejeição. Colore de esperança as expectativas dos desempregados. E refreia o egoísmo daqueles que já se acomodaram confortavelmente no banquete da vida. De fato, não são os talheres que estão faltando na mesa. São os lugares extras que não foram acrescentados.

Santa Maria, mulher do pão, de quem, senão de ti, nos dias de abundância, com gratidão, e nas longas noites das privações, com confiança, ao lado da lareira que crepitava sem a espuma dos tachos, poderia Jesus ter aprendido aquela frase do Deuteronômio, com a qual o tentador foi rechaçado no deserto: "Não só de pão vive o homem, mas de toda palavra que sai da boca de Deus" (Mt 4,4)? Repete-nos essa frase, pois facilmente a esquecemos. Faze-nos compreender que o pão não é tudo, que a conta bancária não é suficiente para fazer-nos felizes, que a mesa cheia de comida não sacia, se o coração estiver vazio de verdade. Que, se falta a paz da alma, mesmo os alimentos mais refinados são desprovidos de sabor. Portanto, quando nos vires tateando insatisfeitos ao redor de nossas despensas transbordando de mercadorias, move-te de compaixão, aplaca nossa necessidade de felicidade e volta a depor na manjedoura, como naquela noite em Belém, o Pão vivo descido do céu, pois só quem come desse pão não terá fome eternamente.

12

Maria, mulher de fronteira

Mal aparece no cenário da salvação e já a vemos com a intenção de cruzar os confins. Sem o visto emitido pelo consulado, ela tem que lidar imediatamente com as tribulações que acompanham todo expatriado forçado. Como qualquer outro imigrante. Na verdade, pior ainda. Porque ela não tem que atravessar a fronteira por razões de trabalho, mas em busca de asilo político. Muito clara é a ordem transmitida pelo anjo a José: "Levanta-te, leva a criança e sua mãe contigo e foge para o Egito, e fica lá até eu te avisar, porque Herodes está procurando a criança para matá-la" (Mt 2,13).

E lá está ela, na fronteira. De um lado, a última terra vermelha de Canaã. Do outro, a primeira areia dos faraós. Lá está ela, tremendo como uma corça perseguida. É verdade que goza do direito de extraterritorialidade, uma vez que estreita em seus braços aquele cujo domínio vai "de mar a mar e do rio até os confins da terra" (Sl 72,8). Mas também sabe que, como salvo-conduto, é muito arriscado mostrar essa criança para a polícia da fronteira.

O Evangelho não nos deixa uma única linha a respeito daquele momento dramático. Mas não é difícil imaginar Maria, trêmula e corajosa, ali, no divisor de águas de duas culturas tão diferentes. Aquela foto de grupo, que Mateus não tirou na fronteira, mas que, no entanto, é igualmente conservada no álbum de nossa mais verdadeira imaginação, permanece um ícone incomparavelmente sugestivo para todos nós, que hoje somos chamados a enfrentar novos costumes e novas linguagens.

Até mesmo em sua saída da cena bíblica, Maria é caracterizada como uma mulher de fronteira. De fato, está presente no cenáculo, quando o Espírito Santo, descendo sobre os membros da Igreja nascente, constitui-os "testemunhas até os confins da terra".

Não sabemos se, acompanhando João, Maria teve que atravessar as fronteiras novamente. Segundo alguns, ela teria terminado seus dias na cidade de Éfeso, ou seja, no exterior. Uma coisa é certa: desde o dia de Pentecostes, Maria se tornou mãe de "uma imensa multidão de todas as nações, raças, povos e línguas", e adquiriu uma cidadania globalizada, que lhe permite colocar-se em todas as fronteiras do mundo, para dizer a seus filhos que estas, mais cedo ou mais tarde, estão destinadas a cair.

Mas há um momento ainda mais forte em que Maria se destaca, com toda a sua grandeza simbólica, como uma mulher de fronteira. É o momento da cruz. Aquele madeiro não só derrubou o muro de separação que dividia os judeus e os pagãos, fazendo dos dois um só povo, mas também reconciliou o ser humano com Deus na única carne de Cristo. A cruz representa, portanto, a última linha divisória entre o céu e a terra;

Maria, mulher de nossos dias

os confins, agora transitáveis, entre o tempo e a eternidade; a fronteira suprema, através da qual a história humana entra na história divina e se torna a única história da salvação. Assim, Maria está junto à fronteira. E a banha com lágrimas.

***

Santa Maria, mulher de fronteira, estamos fascinados por teu posicionamento na história da salvação: perenemente a espera nas linhas de fronteira, totalmente disponível não para separar, mas para unir mundos diferentes que se confrontam. Tu estás nos cumes que ficam entre o Antigo e o Novo Testamento. És o horizonte que conecta os últimos rastros da noite e os primeiros vislumbres do dia. És a aurora que precede o sol da justiça. És a estrela da manhã. Em ti, como diz a Carta aos Gálatas, chega "a plenitude dos tempos", na qual Deus decide nascer "de uma mulher": com tua pessoa, conclui-se um processo cronológico centrado na justiça e amadurece outro, centrado na misericórdia.

Santa Maria, mulher de fronteira, agradecemos por ter ficado junto à cruz de Jesus. Levantada fora da cidade, essa cruz sintetiza as periferias da história e é o símbolo de todas as marginalidades da terra: mas é também um lugar de fronteira, onde o futuro se introduz no presente, inundando-o de esperança. É dessa esperança que precisamos. Coloca-te, portanto, ao nosso lado. Hoje estamos vivendo a época da transição. Divisamos as pedras terminais de nossas civilizações seculares. Aglomerados nas encruzilhadas, sentimo-nos protagonistas de uma dramática mudança de época, quase como se estivéssemos passando de uma era geológica a outra. Amontoados na linha divisória entre as culturas, não temos certeza se devemos passar por cima das estacas cadastrais que até agora têm protegido nossas identidades. Amedrontam-nos as "coisas novas" com as quais somos forçados a contar por causa do tumulto dos pobres, dos oprimidos, dos refugiados, das minorias étnicas e de todos aqueles que perturbam as antigas regras do jogo. Para nos defendermos dos imigrantes, engrossamos nossos muros e grades. Em resumo, estamos mais tentados a fechar do que a abrir as fronteiras, apesar de todo falatório sobre nossas visões panorâmicas multirraciais. É por isso que precisamos de ti: para que a esperança prevaleça e para que não nos atinja um trágico choque no futuro.

Santa Maria, mulher de fronteira, há um apelativo muito doce com o qual te invoca a antiga tradição cristã, expressando esse teu estar nos extremos confins da terra: "Porta do céu". Assim, "na hora da morte", como fizeste com Jesus, permanece conosco em nossa solidão. Alivia nossas agonias. Não saias de nosso lado. Na última linha que separa o exílio e a pátria, estende-nos tua mão, pois se, no limiar decisivo de nossa salvação, estiveres lá, cruzaremos a fronteira. Ainda que seja sem passaporte.

13

Maria, mulher corajosa

Deve ter sido efeito daquele "não temas" pronunciado pelo anjo na Anunciação. O certo é que, a partir daquele momento, Maria enfrentou a vida com uma incrível fortaleza de ânimo e tornou-se o símbolo das "mães-coragem" de todos os tempos. É claro: ela também teve que lidar com o medo. Medo de não ser compreendida. Medo da maldade dos homens. Medo de não dar conta. Medo pela saúde de José. Medo pelo futuro de Jesus. Medo de ficar só. Tantos medos! Seria necessário elevar um santuário a "Nossa Senhora do Medo". Todos nós nos refugiaríamos em suas naves, porque, como Maria, somos atravessados por aquele humaníssimo sentimento que é o sinal mais claro de nossas limitações. Medo do amanhã. Medo de que um amor cultivado durante tantos anos possa acabar repentinamente. Medo pelo filho que não encontra trabalho e já passou dos trinta anos. Medo do que pode acontecer à caçula, que sempre sai depois da meia-noite e não aceita ser repreendida. Medo da saúde em declínio. Medo da velhice. Medo da noite. Medo da morte.

Pois bem, no santuário erigido a "Nossa Senhora do Medo", diante daquela que se tornou "Nossa Senhora da Confiança", cada um de nós encontraria forças para seguir em frente, redescobrindo os versículos de um salmo que Maria deve ter murmurado quem sabe quantas vezes: "Mesmo que eu passe por um vale escuro, não temerei nenhum mal, pois estás comigo, todos os dias de minha vida" (Sl 23,4). Nossa Senhora do Medo, portanto. Mas não da resignação. Porque ela nunca deixou cair seus braços em sinal de desânimo, nem jamais os levantou num gesto de rendição. Somente uma vez ela se rendeu: quando pronunciou o *fiat* e se entregou sem reservas a seu Senhor.

A partir daí, Maria sempre reagiu com incrível determinação, indo contra a corrente e superando dificuldades inauditas que teriam impedido qualquer um. Desde o desconforto do parto numa estalagem até a expatriação forçada para escapar da perseguição de Herodes. Desde os dias amargos do asilo político no Egito até a realização da profecia de Simeão repleta de cruentos presságios. Desde os sacrifícios de uma vida corriqueira nos trinta anos de silêncio até a amargura do dia em que se fechou para sempre a oficina do "carpinteiro" perfumada de vernizes e de recordações. Das aflições causadas por certas notícias que circulavam sobre seu Filho até o momento do Calvário, quando, desafiando a violência dos soldados e a zombaria da plebe, plantou-se corajosamente sob a cruz.

Uma prova difícil a dela. Marcada, como para o Filho extenuado, pelo silêncio de Deus. Uma prova sem cenografia e sem descontos no preço do sofrimento, o que dá razão àquela antífona que ressoa na liturgia da Sexta-feira Santa: "Ó vós todos que passais pelo caminho: parai e vede se há dor igual à minha dor".

***

Santa Maria, mulher corajosa, há alguns anos, em uma célebre homilia proferida em Zapopan, no México, João Paulo II esculpiu o mais belo monumento que o Magistério da Igreja já elevou ao teu brio humano, quando disse que tu te apresentas como um modelo "para aqueles que não aceitam passivamente as circunstâncias adversas da vida pessoal e social, nem são vítimas da alienação".

De fato, tu não te resignaste a sofrer a existência, combateste, enfrentaste os obstáculos, reagiste diante das dificuldades pessoais e te rebelaste perante as injustiças sociais de teu tempo. Em outras palavras, não foste aquela mulher que só vive em casa ou na igreja, como certas imagens devocionais gostariam de fazer-nos acreditar. Saíste pelas ruas e enfrentaste os perigos com a consciência de que teus privilégios de Mãe de Deus não te ofereceriam segurança capaz de preservá-la das violências da vida.

Santa Maria, mulher corajosa, tu que nas três horas de agonia junto à cruz absorveste como uma esponja as aflições de todas as mães da terra, empresta-nos um pouco de tua fortaleza. Em nome de Deus, defensor dos pobres, nutre a rebelião daqueles cuja dignidade é espezinhada. Alivia as penas de todas as vítimas de abusos. E conforta o pranto escondido de tantas mulheres que, na intimidade do lar, são sistematicamente oprimidas pela prepotência masculina. Inspira também o protesto das mães dilaceradas em seus afetos por sistemas de força e ideologias de poder. Tu, que és símbolo das mulheres irredutíveis à lógica da violência, guia os passos das "mães-coragem" para que sacudam a covardia de tantos silêncios cúmplices. Desça a todas as "praças de maio" do mundo para confortar aquelas que choram seus filhos desaparecidos. E, quando soar a alvorada da guerra, convoca todas as filhas de Eva para ficar à porta de casa e impedir que seus homens saiam, armados como Caim, para matar os irmãos.

Santa Maria, mulher corajosa, tu que no Calvário, mesmo sem morrer, conquistaste a palma do martírio, encoraja-nos com teu exemplo a não nos deixar abater pela adversidade. Ajuda-nos a carregar o fardo das tribulações cotidianas, não com a alma dos desesperados, mas com a serenidade de quem sabe que está guardado na palma da mão de Deus. E, se nos insinuar a tentação de dar tudo por terminado porque não aguentamos mais, coloca-te ao nosso lado. Senta junto a nós, desconsolados, no meio-fio. Repete-nos palavras de esperança. E, então, confortados por teu alento, invocar-te-emos com a mais antiga oração escrita em tua honra: "À tua proteção recorremos, Santa Mãe de Deus, não desprezes as súplicas que em nossas necessidades te dirigimos, mas livra-nos sempre de todos os perigos, ó Virgem gloriosa e bendita. Amém".

14

Maria, mulher a caminho

Se os personagens do Evangelho tivessem incorporado algum tipo de equipamento para indicar distâncias percorridas, acredito que o primeiro lugar na categoria "caminhante incansável" teria sido dada a Maria. Jesus à parte, é claro. Ele, como se sabe, era tão identificado com o caminho, que um dia até confidenciou aos discípulos convidados a segui-lo: "Eu sou o caminho" (Jo 14,6). O caminho. Não um caminhante! Portanto, como Jesus está fora da competição, o topo da lista de peregrinações evangélicas é indiscutivelmente dela: Maria! Encontramo-la sempre a caminho, de um ponto a outro da Palestina, indo inclusive ao exterior.

Uma viagem de ida e volta de Nazaré às montanhas de Judá para encontrar sua prima, pela qual deve ter pagado mais caro em virtude da pressa, conforme mencionado por Lucas, o qual nos assegura que ela "partiu sem demora". A viagem a Belém, onde dá à luz. Dali a Jerusalém, para a apresentação de Jesus no Templo. Fuga clandestina para o Egito. Retorno cauteloso à Judeia com a passagem de volta emitida pelo Anjo do Senhor e, depois, de volta a Nazaré. Peregrinação a Jerusalém, provavelmente com desconto por ir em grupo, e duplicação da rota com uma excursão pela cidade à procura de Jesus. Também entre a multidão para encontrá-lo caminhando pelas aldeias da Galileia, talvez com a ideia de fazê-lo voltar para casa. Finalmente, nos caminhos do Calvário, ao pé da cruz, onde o espanto expresso por João com a palavra *stabat*, ao invés da petrificação da dor por uma corrida fracassada, exprime a imobilidade de quem espera no pódio o prêmio da vitória.

Ícone do "caminha, caminha", encontramo-la sentada apenas no banquete de Caná, quando Jesus transformou a água em vinho. Sentada, não estática. Ela não sabe ficar quieta. Não corre com seu corpo, mas segue adiante com sua alma. E, se não é ela que vai em direção à "hora" de Jesus, faz com que essa hora chegue até ela, movendo os ponteiros do relógio para trás até que a alegria pascal irrompa na mesa dos homens.

Sempre a caminho. E também em subida. Desde o momento em que parte "em direção à montanha" até o dia do Gólgota, ou melhor, até o crepúsculo da Ascensão, quando ela também sobe com os apóstolos "ao andar superior" esperando o Espírito, seus passos são sempre marcados pelo desejo das alturas.

Maria também deve ter feito descidas, e João se lembra de uma quando diz que Jesus, depois das bodas de Caná, "desceu a Cafarnaum com sua mãe". Mas a insistência com que o Evangelho narra suas viagens a Jerusalém fazendo uso do verbo "subir", mais do que aludir ao peito ofegante ou ao inchaço dos pés, quer comunicar que a peregrinação terrena de Maria simboliza toda a fadiga de um exigente itinerário espiritual.

***

Santa Maria, mulher do caminho, como gostaríamos de nos assemelharmos a ti em nossas corridas frenéticas, mas não temos metas. Somos peregrinos como tu, mas sem santuários para onde ir. Somos mais rápidos do que tu, mas o deserto engole nossos passos. Caminhamos sobre o asfalto, mas o betume apaga nossas pegadas. Forçados pelo "caminha caminha", falta-nos na mochila de viajantes o roteiro que dá sentido às nossas itinerâncias. E, com todas as vias circulares que temos à nossa disposição, nossa vida não se conecta com nenhum vínculo construtivo, nossas rodas giram à toa nos anéis do absurdo, e nos encontramos inexoravelmente a contemplar os mesmos panoramas. Dá-nos, pedimos-te, o gosto pela vida. Faze--nos saborear o encanto das coisas. Oferece-nos respostas maternas a questões significativas sobre nossas intermináveis viagens. E se, sob nossos pneus violentos, como outrora sob teus pés descalços, já não brotam flores, faze-nos ao menos abrandar nossas corridas frenéticas para desfrutar de seu perfume e admirar sua beleza.

Santa Maria, mulher do caminho, faze que nossas estradas sejam como as tuas – instrumentos de comunicação com as pessoas, e não bloqueios dentro dos quais queremos assegurar nossa solidão aristocrática. Liberta-nos da ansiedade da metrópole e dá-nos a impaciência de Deus.

A impaciência de Deus nos faz alargar nosso passo para unir-nos aos companheiros de viagem. A ansiedade da metrópole, por outro lado, torna-nos especialistas em ultrapassagem. Isso nos faz ganhar tempo, mas também nos distancia do irmão que caminha ao nosso lado. Isso coloca em nossas veias o frenesi da velocidade, mas também esvazia de ternura nossos dias. Isso nos faz pressionar o acelerador, mas não dá sabores de caridade à nossa pressa, como deu à tua. Abrevia até mesmo os sentimentos, mas nos priva da alegria daquelas relações de proximidade que, por serem verdadeiramente humanas, precisam da alegria de cem palavras.

Santa Maria, mulher do caminho, "sinal de segura esperança e de consolação para o povo peregrino de Deus", faze-nos entender que, para além dos mapas da geografia, devemos procurar as rotas das caravanas de nossas peregrinações nas tábuas da história. É nesses itinerários que crescerá nossa fé. Toma-nos pela mão e faze-nos discernir a presença sacramental de Deus no fio dos dias, nos acontecimentos do tempo, na mudança das estações humanas, nos ocasos das onipotências terrenas, no alvorecer dos povos novos, nas esperanças de solidariedade que se percebem no ar. Dirige nossos passos em direção a esses santuários para vislumbrarmos nas areias do efêmero as pegadas do eterno. Restitui sabores de busca interior à nossa inquietude de turistas sem meta. Se nos vires a esmo, à beira da estrada, detém-nos, samaritana dulcíssima, para derramar sobre nossas feridas o óleo da consolação e o vinho da esperança. E, depois, coloca-nos de novo no caminho certo. Das névoas deste "vale de lágrimas", onde se consumam nossas aflições, faze-nos volver os olhos para os montes de onde virá o auxílio. E, então, a exultação do *Magnificat* florescerá em nossos caminhos, como naquela primavera distante, nas alturas da Judeia, quando subiste para lá.

Maria, mulher do repouso

Não foi a "Madonna della Seggiola" [Nossa Senhora da Cadeira] que me sugeriu este título, embora o quadro de Raffaello – que retrata a Virgem finalmente sentada e com o pequeno Jesus repousando em seus braços – evoque toda uma constelação de imagens centradas em torno do arquétipo materno, embalando sua criança para fazê-la dormir. Certamente, Maria também, como todas as mães, acalmou o choro de seu menino estreitando-o ao peito, ninando-o com ternura, entoando antigas cantilenas orientais para fazê-lo dormir e velando, com desvelo, o seu plácido sono. A tradição popular entendeu tão a fundo essa atitude materna de Maria que, para o Natal, construiu um repertório interminável de melodias ligadas ao gênero musical mais primitivo: a canção de ninar. "Dorme, não chores, linda criancinha." Seria de se pensar que todo compositor, mais do que desejar emprestar a voz a Nossa Senhora para aquietar Jesus, ficaria comovido pela necessidade de ceder-lhe a voz para sentir-se embalado em seus braços maternos e, assim, encontrar repouso em seu regaço.

De qualquer maneira, o título de mulher do repouso não me sugere tanto o filho que dorme em seus braços, mas sim o marido que dorme ao seu lado. Sim, porque, somente ao lado de uma mulher como Maria, um homem tão acostumado à dureza da vida como José pode repousar com tal serenidade a ponto de sonhar ininterruptamente. O carpinteiro de Nazaré, nós sabemos, é o homem dos sonhos. De dia, a dura, áspera e interminável experiência da oficina, povoada por clientes e problemas. À noite, a irrupção óbvia, serena e inexprimível de um pedaço de céu, povoado por anjos e presságios. Uma compensação, sem dúvida, proporcionada por Maria, que, não contente em aliviar seu cansaço durante o dia com os cuidados da mesa, o presenteava à noite com a doçura de um repouso que o introduzia, sem esforço, naquele mundo sobre-humano do qual ela era inquilina habitual.

Quem sabe quantas vezes ela terá dito a José: "Você está bem? Parece cansado. Não se canse tanto. Descanse um pouco". José não lhe dava ouvidos. Então, ela intervinha trazendo-lhe mais paz, à noite. Maria, mulher do repouso, portanto. Pois ninguém experimentou o sábado do Senhor como ela, cada vez que cantava o Salmo 22(23): "Em verdes prados, ele me faz repousar...". Talvez Jesus tenha aprendido dela esse estilo de ternura, que mais tarde adotará com os apóstolos, quando, vendo-os cansados, disse-lhes: "Vinde a um lugar deserto e descansai um pouco" (Mc 6,31). Ou quando convidava as multidões, afligidas pela labuta da vida, com estas palavras: "Vinde a mim todos vós que estais cansados de carregar o peso de vossos fardos e eu vos darei descanso" (Mt 11,28).

***

Santa Maria, mulher do repouso, abrevia nossas noites quando não conseguimos dormir. Como é dura a noite sem sono! É uma pista sem luz, onde pousam cargueiros sombrios de memórias e de onde decolam bandos de pesadelos de partir o coração. Coloca-te ao nosso lado quando, apesar dos sedativos, não conseguimos adormecer e o leito mais macio se torna uma tortura; da rua, os latidos dos cães parecem dar voz aos gemidos do universo; da torre do relógio, o som dos sinos descem sobre a alma como golpes de martelo.

E ainda quando não sabemos se os segundos marcados pelo pêndulo do corredor querem fazer-nos companhia ou recordar-nos a corrida implacável do tempo ou dilatar o suplício das horas que nunca passam. Vela pelo repouso daqueles que vivem sozinhos. Prolonga nos idosos as cortinas do sono, curtas e leves, com seus véus translúcidos e vermelhos como a romã. Tonifica a sonolência dos que estão no hospital sob o gotejar do soro. Acalma a inquietação noturna daqueles que se viram na cama sob um pranto de remorsos. Aquieta a ansiedade dos que não descansam porque temem a chegada do dia. Emenda os trapos daqueles que dormem debaixo das pontes. E aquece os papelões com os quais os miseráveis se abrigam do frio das calçadas durante a noite.

Santa Maria, mulher do repouso, queremos rogar-te por aqueles que anunciam o Evangelho. Vemo-los, às vezes, cansados e desanimados. E até parecem dizer como São Pedro: "Trabalhamos a noite inteira, mas não pegamos nada" (Lc 5,5). Pois bem, trata de contê-los quando a generosidade pastoral os leva a negligenciar a si mesmos. Chama-os novamente ao dever do repouso. Afasta-os do frenesi da ação. Ajuda-os a dormir tranquilos. Não os deixes cair na tentação de reduzir os períodos mínimos de sono, nem mesmo por causa do Reino. Pois o estresse apostólico não é um incenso agradável aos olhos de Deus. Portanto, quando recitarem o Salmo 126 no breviário, põe-te a cantar com eles e intensifica tua voz nos versículos em que se diz que é inútil levantar de madrugada ou retardar o repouso da noite, porque "a seus amigos o Senhor concede o pão enquanto dormem". Eles entenderão, então, que não os exortas à acomodação, mas a colocar tudo nas mãos daquele que dá fecundidade ao trabalho dos homens.

Santa Maria, mulher do repouso, dá-nos o gosto do domingo. Faze-nos redescobrir a antiga alegria de deter-nos no átrio da igreja e conversar com os amigos sem olhar o relógio. Freia nossos horários extenuantes. Afasta-nos da agitação de quem está em constante luta contra o tempo. Liberta-nos do afã das coisas. Persuade-nos de que pararmos para repensar a rota vale muito mais do que percorrer caminhos desgastantes sem uma linha de chegada. Mas, acima de tudo, faze-nos perceber que, se o segredo do repouso físico está nas folgas semanais ou nas férias anuais, o segredo da paz interior está em saber perder tempo com Deus. Ele perde muito tempo conosco. E tu também perdes muito tempo. Portanto, ainda que cheguemos tarde, espera-nos sempre à noite, à porta de casa, no final de nosso caminhar insensato. E, se não conseguirmos encontrar outros travesseiros para descansar nossa cabeça, dá-nos teu ombro sobre o qual possamos aliviar nosso cansaço e finalmente dormir tranquilos.

# 16

Maria, mulher do vinho novo

No Evangelho, o episódio das bodas de Caná obriga a que os últimos aprofundamentos bíblicos sejam decididamente revistos, sobretudo no que diz respeito ao papel de Maria. Quem sabe quantas vezes nos comovemos diante da sensibilidade da Mãe de Jesus que, com fineza marcadamente feminina, intuiu o desapontamento dos noivos, que tinham ficado sem vinho, e forçou seu Filho a tomar uma iniciativa, cortando pela raiz o evidente embaraço que já acontecia nos bastidores.

Parece certo, entretanto, que a intenção do evangelista não era tanto destacar a solicitude de Maria em favor dos seres humanos, ou o poder de sua intercessão junto a seu Filho. Mas sim apresentá-la como aquela que percebe com acerto a dissolução do pequeno mundo antigo e, antecipando a *hora* de Jesus, introduz no banquete da história não só as taças da festa, mas também os primeiros fermentos da novidade. Festa e novidade, então, irrompem na sala ao expresso apelo de Maria.

Para confirmar isso, há, na leitura de João, um detalhe em nada acidental. De fato, ao ser considerado com mais atenção, tal detalhe explode com a presunção de um protagonismo invasivo.

Trata-se das talhas de pedra para a purificação dos judeus. Obscenas em sua imobilidade, incômodas em sua amplitude sufocante, gélidas como cadáveres porque feitas de pedra, inúteis porque vazias, postas para uma purificação que já não podem proporcionar. Seis, não sete, que é o número perfeito. Um símbolo melancólico, portanto, daquilo que nunca chegará à plenitude, que não tocará os confins da maturidade, que permanecerá sempre abaixo de toda legítima expectativa e de toda necessidade do coração.

Pois bem, diante desse cenário de estagnação irreversível, representado pelas talhas (feitas de pedra, como as tábuas de Moisés), Maria não só adverte que a antiga aliança já está desgastada e que a velha economia da salvação, fundada nas prescrições da Lei, há muito tempo encerrou suas contas, como também urge corajosamente à transição. Ela nota que os níveis de reserva já foram ultrapassados por um mundo saturado de tristeza e invoca seu Filho não tanto para a quebra da lei da natureza, mas para a quebra da natureza da Lei. Esta agora não contém mais nada e não está em condições de purificar ninguém, assim como não alegra mais o coração humano.

Maria intervém, portanto, em antecipação. E pede a Jesus um adiantamento do vinho da nova aliança que jorrará inesgotável na hora da cruz, estando ela mesma presente ali. "Eles não têm mais vinho" (Jo 2,3). Não é o gesto de uma gentileza providencial que vem para evitar o constrangimento de dois esposos. É um grito de alerta que vem para evitar a morte do mundo.

***

Santa Maria, mulher do vinho novo, quantas vezes também nós experimentamos que o banquete da vida perde a graça e a felicidade se desvanece nos rostos dos comensais. É o vinho da festa que vai acabando. Não nos falta nada na mesa, mas, sem o sumo da videira, o pão que tem gosto de trigo perde o seu sabor. Mastigamos aborrecidos os produtos da opulência, com a voracidade dos glutões e a raiva dos que estão sem fome. As refeições de nossa cozinha perdem seus antigos sabores, mas também os frutos exóticos já não são tão atraentes. Sabes bem de onde deriva essa inflação de tédio. As provisões de sentido já estão esgotadas. Não temos mais vinho. O odor acre do mosto não nos delicia a alma há muito tempo. As antigas adegas não fermentam mais. E os barris vazios produzem apenas expurgos avinagrados. Move-te, então, de compaixão por nós e devolve-nos o sabor das coisas. Somente assim as talhas de nossa existência se encherão até a borda de significados últimos. E o inebriamento de viver e fazer viver nos fará, enfim, experimentar uma feliz vertigem.

Santa Maria, mulher do vinho novo, defensora tão impaciente da mudança, que em Caná da Galileia provocaste antes do tempo o mais grandioso êxodo da história, obrigando Jesus ao ensaio geral da Páscoa definitiva, continua a ser para nós o símbolo imperecível da juventude, pois é próprio dos jovens perceber o desgaste dos modelos que não mais se sustentam e invocar renascimentos que só podem ser alcançados com mudanças radicais, e não com ajustes superficiais que não produzem resultados significativos. Liberta-nos, pedimos-te, de prazeres fáceis, das pequenas conversões de baixo custo, das soluções de conveniência. Preserva-nos das falsas seguranças dos muros e cercas, do tédio da repetição ritual, da confiança incondicional nos padrões, do uso idolátrico da tradição. Quando formos tomados pela suspeita de que o vinho novo romperá os odres velhos, dá-nos a sagacidade de substituir os recipientes. Quando o fascínio do *status quo* prevalecer em nós, torna-nos resolutos o suficiente para abandonar os acampamentos. Se reclamarmos de desânimo, acende em nosso coração a coragem de seguir adiante. E faze-nos compreender que se nos fecharmos à novidade do Espírito e nos acomodarmos a uma visão limitada e conservadora das coisas, isso só nos trará a melancolia da senescência precoce.

Santa Maria, mulher do vinho novo, nós te agradecemos, finalmente, porque, com as palavras "fazei tudo o que ele vos disser", tu nos revelas o misterioso segredo da juventude. E confia-nos o poder de acordar a aurora também no coração da noite.

17

Maria, mulher do silêncio

Entre os muitos títulos marianos nos quais não sabemos se admiramos mais a imaginação dos poetas ou a ternura da piedade popular, encontrei um extraordinariamente sugestivo: "Maria, catedral do silêncio".

Hoje, certamente, é difícil usufruir do silêncio nas catedrais das metrópoles. Mas quem as adentra desejoso de rezar sempre encontrará um cantinho. Sentando e contemplando, bastar-lhe-á levantar o olhar acima do chão e encontrará o silêncio escondido lá em cima, na penumbra das arcadas e entre os cruzamentos das vigas. Na verdade, ainda mais alto. Porque, se alguém se deixa seduzir pela altura da abóbada, também imaginará em seus pensamentos, como Giacomo Leopardi em seu poema *Infinito*, "intermináveis espaços mais além, silêncios sobre-humanos e profundíssima quietude...".

Maria é precisamente como uma catedral gótica que guarda o silêncio. E o faz cuidadosamente. Não o rompe, nem mesmo quando fala, assim como o silêncio do Templo – que lá no alto brinca com as luzes coloridas dos vitrais, as incrustações dos capitéis e as curvas da abside – não é quebrado, mas exaltado pelo gemido do órgão ou pelas misteriosas cadências do canto gregoriano que sobem do chão. Mas por que Maria é a "catedral do silêncio"? Primeiramente, porque é uma mulher de poucas palavras. No Evangelho, fala apenas em quatro ocasiões: no anúncio do Anjo, quando entoa o *Magnificat*, quando reencontra Jesus no Templo e em Caná da Galileia. Então, depois de recomendar aos servos das bodas para que deem ouvidos à única palavra que conta, ela se cala para sempre. Mas seu silêncio não é apenas ausência de vozes. Não é o vazio de ruído. Também não é o resultado de uma ascética particular baseada na sobriedade. É, ao contrário, o invólucro teológico de uma presença, o casulo de uma plenitude, o ventre que guarda a Palavra.

Um dos últimos versículos da Epístola aos Romanos nos oferece a chave interpretativa do silêncio de Maria. Fala de Jesus Cristo como "revelação do mistério mantido em silêncio por séculos eternos" (16,25). Cristo, mistério silenciado. Oculto, isto é, secreto. Literalmente: envolto em silêncio. Em outros termos, o Verbo de Deus no ventre da eternidade foi enfaixado pelo silêncio. Ao entrar no ventre da história, ele não poderia ter outro invólucro. E Maria o ofereceu com sua pessoa. Tornou-se, assim, o prolongamento terreno daquele misterioso silêncio do céu. Foi constituída símbolo para quem deseja guardar segredos de amor. Para todos nós, devastados pelo barulho, ela permaneceu uma arca silenciosa da Palavra:

Maria, mulher de nossos dias

"Maria guardava todas essas coisas, meditando-as em seu coração" (Lc 2,19).

***

Santa Maria, mulher do silêncio, reconduze-nos às fontes da paz. Liberta-nos do assédio das palavras, das nossas em primeiro lugar, mas também das dos outros. Filhos do barulho, pensamos que podemos mascarar a insegurança que nos atormenta, confiando-nos ao vanilóquio de nosso palavreado sem fim: faze-nos compreender que somente depois que nos tivermos calado, Deus poderá falar. Inquilinos do alvoroço, estamos persuadidos de que podemos exorcizar o medo aumentando o volume de nossos dispositivos eletrônicos: faze-nos compreender que Deus se comunica com o ser humano nas areias do deserto e que sua voz nada tem a ver com os decibéis de nossas agitações. Explica-nos o significado profundo daquela passagem da Sabedoria que costumamos ler no Natal, fazendo-nos estremecer de admiração: "Enquanto um profundo silêncio envolvia todas as coisas, e a noite estava no meio de seu curso, tua Palavra onipotente desceu do céu, de seu trono real, à terra..." (18,14). Reconduze-nos, pedimos-te, ao sonhado estupor do primeiro presépio e desperta em nosso coração a nostalgia daquela "noite silenciosa".

Santa Maria, mulher do silêncio, conta-nos teus encontros com Deus. Em que campos te refugiavas nas tardes de primavera, longe do burburinho de Nazaré, para ouvir a voz do Senhor? Em que fendas de rocha te escondias quando adolescente, para que o encontro com ele não fosse profanado pela violência de ruídos humanos? Em que terraços da Galileia, inundados pela lua cheia, nutrias tuas vigílias de salmodias noturnas, enquanto o coaxar das rãs, lá embaixo na planície das oliveiras, era a única trilha sonora para teus castos pensamentos? Que diálogos tinhas junto à fonte da aldeia com tuas companheiras de juventude? O que transmitias a José quando, ao cair da tarde, te levando pela mão, ele saía contigo na direção das encostas de Edron ou te conduzia, em dias ensolarados, ao lago de Tiberíades? Confidenciaste a ele o mistério escondido em teu ventre com palavras ou com lágrimas de felicidade? Além do *Shemá* Israel e da monotonia da chuva nos telhados, que outras vozes ressoavam na oficina do carpinteiro nas noites de inverno? Além da arca do coração, tínheis também um diário secreto ao qual confiáveis as palavras de Jesus? O que dizíeis um ao outro, durante trinta anos, ao redor daquela mesa de gente pobre?

Santa Maria, mulher do silêncio, admite-nos em tua escola. Mantém-nos longe da barulheira, dentro da qual corremos o risco de ficar aturdidos, à beira da dissipação. Preserva-nos do desejo mórbido por notícias, que nos faz surdos à "boa notícia". Torna-nos agentes daquela ecologia acústica, que nos restitui o gosto pela contemplação mesmo no turbilhão da metrópole. Persuade-nos de que somente no silêncio amadurecem as coisas grandes da vida: a conversa, o amor, o sacrifício, a morte. Uma última coisa que queremos pedir-te, Mãe dulcíssima: tu que experimentaste, como Cristo na cruz, o silêncio de Deus, não te afastes de nós na hora da provação. Quando o sol se eclipsar para nós e o céu não responder ao nosso grito e a terra estrondar vazia sob nossos passos e o medo do abandono ameaçarem nos desesperar, permanece ao nosso lado. Naquele momento, rompe, por favor, teu silêncio para dizer-nos palavras de amor! E sentiremos na pele os frêmitos da Páscoa, ainda antes que se consuma nossa agonia.

18

Maria, mulher obediente

Com frequência, ouve-se falar de obediência cega. Nunca de obediência surda. Sabe por quê? Para explicá-lo, tenho que recorrer à etimologia que, às vezes, pode ser de ajuda também à ascética. "Obedecer" deriva do latim *ob-audire*, que significa: escutar estando de frente. Quando descobri essa origem da palavra, também eu me libertei gradualmente do falso conceito de obediência, entendida como uma anulação passiva de minha vontade, e entendi que ela não tem nenhuma semelhança, nem mesmo remotamente, com a atitude servil dos renunciantes. Quem obedece não anula sua liberdade, mas a exalta. Não mortifica seus talentos, mas os mobiliza na lógica da oferta e da procura. Não se rebaixa ao papel humilhante do autômato, mas põe em movimento os mecanismos mais profundos da escuta e do diálogo.

Há uma esplêndida frase que até recentemente era considerada um retrocesso em relação aos anos de contestação: "Obedecer em pé". Parece uma frase suspeita, a ser interpretada com certa malícia. Em vez disso, é a descoberta da autêntica natureza da obediência, cuja dinâmica supõe um que fala e outro que responde, um que faz uma proposta com respeito e outro que a aceita com amor, um que aponta um projeto sem sombra de violência e outro que lhe interioriza alegremente a indicação. De fato, só se pode obedecer de pé. De joelhos, a pessoa se submete, não obedece. Sucumbe, não ama. Resigna-se, não colabora.

É o caso de Teresa, por exemplo, que é forçada a dizer sim a todos os desejos de seu marido e nunca pode sair de casa. Ele, com efeito, é ciumento e, à noite, quando volta embriagado e os filhos estão chorando, faz de Teresa um saco de pancadas, sem que ela possa reagir. Trata-se, pois, de uma mulher reprimida, não de uma mulher obediente. Um dia, o Senhor certamente a compensará, não por sua virtude, mas pelos sofrimentos que padeceu.

A obediência, em síntese, não significa engolir o abuso de poder, mas sim fazer uma experiência de liberdade. Não é silêncio resignado diante do assédio, mas sim acolhimento jubiloso de um plano superior. Não é um gesto de demissão de quem permanece sozinho com seus pesares, mas, ao contrário, uma resposta de amor que requer, também de quem manda, mais dignidade do que poderio. Quem obedece não deixa de querer, mas se identifica de tal forma com a pessoa que ama que faz coincidir sua vontade com a dela.

Eis a análise lógica e gramatical da obediência de Maria. Essa esplêndida criatura não se permitiu expropriar-se de sua liberdade nem mesmo pelo Criador. Mas, ao dizer "sim", abandonou-se livremente a ele e entrou na órbita da história da salvação com uma consciência tão responsável que o Anjo Gabriel voltou ao céu levando ao Senhor um anúncio não menos alegre do que aquele que havia trazido à terra em sua viagem de vinda. Talvez não fosse equivocado intitular o primeiro capítulo de Lucas como *o anúncio do anjo ao Senhor*, mais do que *o anúncio do anjo a Maria*.

***

Santa Maria, mulher obediente, tu que tiveste a graça de "caminhar na presença de Deus", faze que nós, como tu, sejamos capazes de "buscar seu rosto". Ajuda-nos a compreender que somente em sua vontade podemos encontrar a paz. E, mesmo quando ele nos provoca a saltar no escuro para alcançá-lo, livra-nos da vertigem do vazio e dá-nos a certeza de que aquele que obedece ao Senhor não cai no chão, como em um perigoso espetáculo sem rede de proteção. Ao contrário, quem obedece ao Senhor cai sempre em seus braços.

Santa Maria, mulher obediente, tu sabes muito bem que, enquanto caminharmos por aqui, só poderemos encontrar o rosto de Deus nas numerosas mediações dos rostos humanos e que suas palavras só nos chegam nas pobres reverberações de nossos vocabulários terrenos. Dá-nos, portanto, os olhos da fé para que nossa obediência se faça história no cotidiano, dialogando com os interlocutores efêmeros que ele escolheu como sinal de sua vontade sempiterna. Mas preserva-nos também das satisfações fáceis e das aquiescências cômodas nos degraus intermediários que nos impedem de subir a ti. Pois não é raro que os instintos idólatras, ainda não extintos de nosso coração, façam-nos trocar a obediência evangélica por aquilo que é mera cortesia e a autêntica virtude por aquilo que é mero ganho esquálido.

Santa Maria, mulher obediente, tu que, para salvar a vida de teu filho, ignoraste as ordens dos tiranos e, fugindo para o Egito, te tornaste para nós o ícone da resistência passiva e da desobediência civil, dá-nos a coragem da objeção cada vez que a consciência nos sugerir que "é preciso obedecer a Deus antes que aos homens" (At 5,29). E para que, nesse difícil discernimento, não nos falte tua inspiração, permiti-nos que, ao menos agora, possamos invocar-te assim: "Santa Maria, mulher desobediente, roga por nós".

19

Maria, mulher do serviço

Pode parecer irreverente. E alguns sentirão até cheiro de sacrilégio. Talvez pela impressão de ser essa uma invocação muito pobre para ser atribuída à Rainha dos Anjos e dos Santos, ou por falta de consideração com relação àquelas pessoas que ganham o pão trabalhando na casa de outros.

Para dizer a verdade, o costume moderno também reconheceu algo de aviltante na linguagem antiga, de modo que, em vez de falar de "criada" ou "serva", passando pelo processo lexical de "serviçal" ou "empregada doméstica", o vocabulário brinca com termos mais elegantes e fala de "au pair"[2] ou mesmo de "secretária do lar", que nada mais é do que uma pessoa que se emprega para prestar serviços domésticos em propriedade alheia.

Entretanto, Maria escolheu esse apelativo para si mesma. Duas vezes, de fato, no Evangelho de Lucas, Maria se autodefine como serva. A primeira vez, quando, respondendo ao anjo,

---

[2] O título de trabalhadora "au pair", desde a década de 1970, é aplicado a jovens que se dispõem a um intercâmbio cultural para aprender a língua de um país estrangeiro, enquanto vive e trabalha remuneradamente na casa de uma família. (N.T.)

oferece-lhe seu cartão de visita: "Eis aqui a serva do Senhor" (1,38). A segunda quando, no *Magnificat*, afirma que Deus "olhou para a humildade de sua serva" (1,48). Mulher de serviço, então. Com tudo o que significa. Um título que ela carrega incorporado por direito de nascimento e que parece conservar ciosamente como um antigo e nobre brasão de armas. Era ou não, se não uma descendente como José, ao menos envolvida com a "casa de David, seu servo"?

Um título que, por uma espécie de simetria de espelho, faz com que ela reconheça com segurança uma semelhante qualificação profissional no velho Simeão, e a induz a entregar o menino Jesus nos braços daquele "servo", que agora pode, finalmente, partir em paz. Um título que, durante o banquete em Caná – uma vez que entre colegas nos entendemos melhor –, a autoriza a dirigir-se "aos servos" com aquelas palavras que, tendo permanecido um apelo exigente também para nós, parecem ser um convite a todos para aderir ao mesmo sindicato: "Fazei o que ele vos disser" (Jo 5,5). Um título, enfim, que legitimaria o pedido das organizações competentes de ter a Virgem Santa como protetora das pessoas que, embora com uma diversidade de serviços, de governanta à babá, de cuidadora à faxineira, com ou sem uniforme, realizam serviços nas casas de família.

No entanto, essa denominação tão característica de Maria não tem lugar nas ladainhas loretanas! Talvez porque, mesmo na Igreja, apesar de muito se falar sobre isso, a ideia de serviço evoca espectros de sujeição, alude à degradação da dignidade e implica uma posição baixa, que parece incompatível com o prestígio da Mãe de Deus. O que nos faz suspeitar que mesmo a diaconia da Virgem permaneceu um conceito ornamental que impregna os nossos suspiros, e não um princípio operacional que move nossa existência.

***

Santa Maria, serva do Senhor, que te entregaste de alma e corpo a ele, e entraste em sua casa como colaboradora familiar de sua obra de salvação. Verdadeira mulher de serviço, a quem a graça introduziu na intimidade trinitária e de quem fez arca das confidências divinas, doméstica do Reino, tu que interpretaste o serviço não como redução de liberdade, mas como pertença irreversível à estirpe de Deus, nós te pedimos que nos admitas na escola daquele diaconato permanente do qual foste mestra inigualável. Ao contrário de ti, temos dificuldade em colocar-nos na dependência de Deus e custamos a entender que somente a rendição incondicional à sua soberania pode nos fornecer o alfabeto primordial para a compreensão de todos os outros serviços humanos. Confiar-nos nas mãos do Senhor nos parece um jogo de azar. A submissão a ele, ao invés de ser vista como um quadro de aliança bilateral, nós a sentimos como uma variável da escravidão. Em resumo, somos ciumentos de nossa autonomia. E a afirmação solene de que servir a Deus significa reinar não nos persuade tanto.

Santa Maria, serva da Palavra, serva a tal ponto de, além de escutá-la e guardá-la, tê-la recebido encarnada no Cristo, ajuda-nos a colocar Jesus no centro de nossa vida. Faze que experimentemos seus encantos secretos. Ajuda-nos para que saibamos ser fiéis a ele até o fim. Dá-nos a bem-aventurança daqueles servos que, quando ele voltar no meio da noite, serão encontrados ainda acordados, e, depois de cingir suas vestes, ele mesmo os servirá à mesa. Faze que o Evangelho se torne a norma inspiradora de todas as nossas escolhas cotidianas. Preserva-nos da tentação de reduzir a suas exigentes solicitações. Torna-nos capazes de obediências jubilosas. E, finalmente, coloca asas em nossos pés para que possamos prestar à Palavra o serviço missionário do anúncio até os extremos da terra.

Santa Maria, serva do mundo, que, logo após se declarar serva de Deus, correste para fazer-te serva de Isabel, confere aos nossos passos a pressa solícita com que chegaste à cidade de Judá, símbolo daquele mundo diante do qual a Igreja é chamada a cingir seu avental. Restitui cadências de gratuidade ao nosso serviço tão frequentemente contaminado pelas escórias da subserviência. E faze que as sombras do poder nunca se prolonguem sobre nossos ofertórios. Tu que experimentaste as tribulações dos pobres,

Dom Tonino Bello

ajuda-nos a colocar nossa vida à disposição deles, com os gestos discretos do silêncio e não com os comerciais do protagonismo. Faze-nos conscientes de que, sob o disfarce dos fatigados e oprimidos, se esconde o Rei. Abre nosso coração aos sofrimentos dos irmãos. E, para que possamos estar prontos para intuir suas necessidades, dá-nos olhos cheios de ternura e esperança. Os olhos que tinhas tu naquele dia, em Caná da Galileia.

Maria, mulher de verdade

Confesso que também fico sempre desconcertado. Quando penso em Nossa Senhora (este sonho incrível sonhado pelo Senhor) e depois vejo na televisão as lágrimas das mães palestinas, ou vejo nas revistas missionárias os rostos sofridos das mulheres da Amazônia, ou me informo através de certas reportagens impiedosas sobre as condições subumanas das meninas de Bangladesh, pergunto-me se haveria alguma relação entre a história de Maria e essas criaturas desafortunadas.

E quando, na rua, cruzo com "uma daquelas" a quem a miséria, mais do que a depravação, levou a vender seu corpo para sobreviver, pergunto-me se Maria também seguiria adiante, como faço em minha prudência intemerata. Entretanto, é muito difícil para mim imaginar que palavras sairiam de sua boca ao deter-se.

Da mesma forma, cada vez que escuto o sofrimento de tantas mulheres violentadas por seus parceiros, sequestradas por seus pais ou que tiveram seus direitos mais elementares confiscados pelas prevaricações masculinas, faço um grande esforço para imaginar que tipo de relação poderia haver entre Maria e essas criaturas, cuja mansidão muitas vezes parece doçura, mas que não passa de resignação; expressa-se como condescendência, mas é aviltamento; mostra lampejos de sorriso, mas esconde a melancolia das lágrimas.

Mas também, quando penso em certas mulheres aparentemente emancipadas, volta-me com insistência o problema de sua comparação com Maria. Quem sabe se a comediante ou a soprano do *La Scala* de Milão não invocam seu nome antes de apresentar-se no palco? Ou a modelo de revista e a campeã de patinação não notem o fascínio sobre-humano de Maria? Ou que a violinista da filarmônica de Filadélfia e a anfitriã de um clube noturno de alta classe não percebam sua dimensão espiritual? O que pensam dela as comissárias dos voos intercontinentais, ou as componentes do corpo de balé Bolshoi? Além da correntinha de prata com a medalhinha pendurada ao pescoço, que reações o nome de Maria suscita nas atletas da seleção nacional de basquete em viagem pelo mundo, ou nas apresentadoras da televisão ou nas elegantes protagonistas dos salões literários?

Em resumo, Maria serve apenas como ponto de referência para as monjas de clausura e para as moças que saem de casa para ir à igreja? Ou é a aspiração profunda de toda mulher que quer viver plenamente sua feminilidade?

As mulheres olham para ela com ternura, porque, em sua vida terrena, Maria resumiu os mistérios dolorosos de todos os seus sofrimentos. Ou porque ela é o símbolo eloquente daqueles que experimentam os mistérios gozosos do êxodo dos "rios amargos" da antiga condição servil? Ou porque é a imagem que sintetiza os mistérios gloriosos da libertação definitiva da mulher de todas as escravidões que, ao longo da história, desfiguraram sua dignidade? Estas são perguntas, talvez um pouco insensatas, às quais não sei dar uma resposta, mas pelas quais posso rezar.

***

Santa Maria, mulher de verdade, ícone do mundo feminino humilhado na terra do Egito, submetido às crueldades dos faraós de todos os tempos, condenado a queimar o rosto diante das panelas e a assar tijolos para a cidade dos prepotentes, imploramos-te por todas as mulheres da terra. Desde que tua alma foi traspassada no Calvário, não há pranto de mãe que te seja estranho, não há nenhuma solidão de viúva que não tenhas experimentado, não há nenhum aviltamento de mulher do qual não sintas a humilhação. Se os soldados despojaram Jesus de suas vestes, a dor te despojou de seus prestigiosos adjetivos. E apareceste simplesmente como mulher, a ponto de teu unigênito agonizante não te chamar com outro nome: "Mulher, eis aí o teu filho" (Jo 19,26). Tu que permaneceste em pé junto à cruz, estátua viva da liberdade, faze que todas as mulheres, inspirando-se em tua fibra feminina, sob o dilúvio dos sofrimentos de todos os tipos, no máximo verguem a cabeça, mas nunca se curvem até o chão.

Santa Maria, mulher de verdade, ícone do mundo feminino que finalmente empreendeu o caminho do êxodo, concede que as mulheres, nessa laboriosa migração quase de uma era antropológica para outra, não se dispersem como os hebreus "no mar de juncos". Mas saibam divisar os caminhos certos que as afastem das hegemonias dos novos filisteus. E, para que tua imagem de mulher verdadeiramente realizada possa resplandecer para todas as demais como a nuvem luminosa no deserto, ajuda também tua Igreja a se libertar daquelas teimosas designações masculinas com as quais ela, às vezes, declinou até mesmo tua figura.

Santa Maria, mulher de verdade, ícone do mundo feminino que finalmente pisou na terra prometida, ajuda-nos a ler a história e a interpretar a vida, depois de tanto machismo dominante, com as categorias ternas e fortes da feminilidade. Neste mundo tão monótono, marcado pela intemperança do raciocínio sobre a intuição, do cálculo sobre a criatividade, do poder sobre a ternura, do vigor dos músculos sobre a suave persuasão do olhar, tu és a imagem não só da mulher nova, mas da nova humanidade preservada das miragens das falsas libertações. Ajuda-nos ao menos a agradecer a Deus: se, para humanizar a terra, ele se serve do homem sem muito êxito, para humanizar o homem ele quer servir-se da mulher, na certeza de que, desta vez, não falhará.

21

Maria, mulher do povo

Sim, o Senhor a escolheu justamente dali. Diríamos hoje: dos bairros operários, encharcados de suor e impregnados de mau odor. Das favelas, onde os barracos dos pobres ainda se mantêm de pé porque se apoiam uns nos outros. Penso em certas periferias, onde os mosquitos se aglomeram sobre poças na rua e as moscas sobrevoam o lixo. Ou em certas áreas do centro histórico, nos cortiços, com roupas penduradas nas janelas, onde vigoram os mesmos barulhos e os mesmos silêncios.

Ali o Senhor descobriu Maria. No emaranhado de vielas, perfumadas pelas sopas do meio-dia e animadas pelo grito dos verdureiros. Entre as mocinhas que falavam de amor nos canteiros repletos de gerânios. No pátio onde os vizinhos prolongavam, com seu último bocejo, suas histórias noturnas, antes que o óleo da lamparina se esgotasse e os ferrolhos tilintassem e as portas fossem trancadas. Ele a descobriu ali. Não ao longo das avenidas da capital, mas em uma vila de pastores, desconhecida no Antigo Testamento e, na verdade, objeto de sarcasmo público pelos habitantes das aldeias vizinhas: "Pode sair algo bom de Nazaré?" (Jo 1,46). Ele a descobriu ali, em meio à gente comum. E a fez sua.

Maria não tinha nenhuma ascendência dinástica em particular. A heráldica de sua família não ostentava brasões nobres, como a de José. Ele, sim, embora reduzido à condição de carpinteiro, era da ilustre linhagem de David. Maria, por outro lado, era uma mulher do povo. Tinha absorvido sua cultura e sua linguagem, os refrões de suas canções e o segredo de seu pranto, o costume do silêncio e os estigmas da pobreza. Antes de tornar-se mãe, Maria era, portanto, filha do povo. Pertencia, de fato, à alma mais íntima do povo: aos *anawim*, ao grupo dos pobres. Ao resto de Israel, que sobreviveu ao desmoronamento das tragédias nacionais, ou seja, àquele núcleo residual que mantinha vivas as esperanças dos profetas, no qual se concentravam as promessas dos patriarcas e pelo qual passava o fio vermelho da fidelidade: "Mas deixarei no meio de ti um povo humilde e pobre; e eles confiarão no nome do Senhor". Assim profetizou Sofonias (3,12).

Mulher do povo, Maria se mistura aos peregrinos que sobem ao Templo e os acompanha em suas salmodias. E, se em alguma dessas viagens perde o Jesus de doze anos, é porque, "pensando que ele estivesse na caravana" (Lc 2,44), não podia imaginar seu filho como alguém alheio ao cotidiano das pessoas comuns.

Há, no Evangelho de Marcos, um ícone de incomparável beleza que delineia a natureza, a vocação e o destino popular de Maria. Um dia, enquanto Jesus estava falando à multidão que o escutava sentada a seu redor, ela chega com alguns parentes. A quem o adverte da presença de sua mãe, Jesus, observando a sua volta e apontando para a multidão, exclama: "Eis minha mãe..." (3,34). À primeira vista, poderia parecer uma descortesia. Mas, pelo contrário, a resposta de Jesus, que identifica sua mãe com a multidão, é o monumento mais esplêndido erguido a Maria, mulher feita povo.

***

Santa Maria, mulher do povo, agradecemos por ter convivido com as pessoas, antes e depois do anúncio do anjo, e porque não exigiste de Gabriel uma escolta permanente de querubins que fizesse a guarda de honra à saída de tua casa. Obrigado porque, mesmo consciente de ser a Mãe de Deus, não te refugiaste nos aposentos da tua aristocracia espiritual, mas quiseste saborear até o fim as experiências pobres e comoventes de todas as mulheres de Nazaré. Agradecemos porque no verão te unias ao coro daqueles que faziam a colheita das espigas nos campos queimados pelo sol. Porque nas tardes de inverno, quando o trovão rugia sobre as montanhas da Galileia e sentias medo, refugiavas-te nas casas vizinhas. Porque, no sábado, participavas com tuas amigas das funções comunitárias da sinagoga para louvar o Senhor. Porque quando a morte visitava a vila, acompanhando teus parentes, encharcavas teu lenço de lágrimas. E, nos dias de festa, quando passava o cortejo nupcial, também o esperavas na rua e ficavas na ponta dos pés para ver melhor a noiva.

Santa Maria, mulher do povo, hoje mais do que nunca precisamos de ti. Vivemos tempos difíceis, nos quais ao espírito comunitário se sobrepõe a síndrome da seita. Os ideais de uma solidariedade mais ampla são substituídos pelo instinto de facção. Os impulsos universalizantes da história são melancolicamente descontados pelos submúltiplos do gueto e da raça. O partido prevalece sobre o bem público, a liga sobre a nação, o grupo sobre a Igreja. Ajuda-nos para que possamos fortalecer nossa declinante consciência de povo. Nós, os que cremos, que por definição nos chamamos povo de Deus, sentimos que devemos oferecer um forte testemunho de comunhão, sobre o qual o mundo possa cadenciar seus passos. Tu, "honorificentia populi nostri" [glória de nosso povo], permanece ao nosso lado nesta difícil tarefa. Não é por nada que te repetimos no canto: "Olha teu povo, bela Senhora".

Santa Maria, mulher do povo, ensina-nos a compartilhar com os outros as alegrias e as esperanças, as tristezas e as angústias que marcam o caminho de nossa civilização. Dá-nos o gosto de estar no meio, como tu no cenáculo. Livra-nos da autossuficiência. E arranca-nos das situações de isolamento. Tu que és invocada nas favelas da América Latina e entre os arranha-céus de Nova Iorque, faze justiça aos povos destruídos pela miséria e concede paz interior aos povos entediados pela opulência. Inspira fortaleza aos primeiros e ternura aos segundos. Restitui-lhes a alegria de viver. E entoarão, finalmente todos juntos, salmos de liberdade.

Maria, mulher que conhece a dança

Mudei o título no último momento. Mas lhes direi o mesmo que eu havia planejado: sobre a relação de Maria com a morte. E vou explicar imediatamente o que tem a ver a morte com a dança.

Nestes dias, comecei a ler um livro sobre Nossa Senhora, escrito por uma notável professora de antropologia, e consegui ir em frente quase até o final, sem grandes inquietações. Foi então que, justamente nas últimas páginas, me deparei com uma frase que me pareceu não só pesada como injuriosa: "Maria nunca poderá dançar". Meu Deus! E há coisa pior no livro, porque contraria as verdades mais firmes que os cristãos sempre professaram sobre Nossa Senhora.

Entretanto, enquanto não me escandalizou tanto o sorriso de satisfação sobre a concepção imaculada de Maria ou sobre sua maternidade virginal, provocou-me um incrível aborrecimento a insinuação de que ela não soubesse dançar. Pareceu-me, em resumo, um enorme sacrilégio. Um ultraje contra sua humanidade. Um crime contra o que a faz mais querida: a irresistível doçura comum às filhas de Eva.

O que, de fato, se esconde sob essa frase senão a afirmação de que Maria não tinha um corpo como as outras mulheres e que sua feminilidade era, por assim dizer, tão desencarnada e evanescente a ponto de impossibilitá-la de prolongar seus gestos no embalo da dança? E não lhes parece uma blasfêmia a mera suspeita de que Maria fosse uma criatura desprovida de paixões, pobre de impulsos, privada de calor humano, apenas macerada por jejuns e abstinências, genuflexa diante dos espelhos gélidos da contemplação, incapaz daqueles arroubos interiores que explodem precisamente na graça do canto e na dilatação corporal do ritmo?

Que Maria fosse especialista em dança é dito por uma palavra significativa, presente em seu vocabulário: "Exultar". Tal palavra vem do latim *ex-saltare*, que significa precisamente: saltar aqui e ali. Assim, quando exclama: "Meu espírito exulta em Deus, meu Salvador" (Lc 1,47), não apenas revela sua extraordinária competência musical, mas nos faz suspeitar que ela deve ter dançado, enquanto cantava o *Magnificat*.

Alguém talvez se pergunte por que sou tão obstinado em sublinhar essa particular atitude "artística" de Maria. A resposta é simples: não pode suportar a morte quem não consegue suportar a dança! Dizer, portanto, que Maria nunca poderá dançar significa considerá-la estranha ao que a morte e a dança têm em comum: o ofegar da respiração, o espasmo da agonia, a dolorosa contração do corpo. Significa esvaziar o sofrimento de Nossa Senhora de seu valor salvífico e reduzir o mistério de Nossa Senhora das Dores, apesar das sete espadas que traspassam seu coração, a um espetáculo vistoso, montado por Deus por motivos cenográficos funcionais. Significa considerá-la uma parceira impassível de um Outro, que também é um especialista em dança, mas que Isaías chama de "homem das dores experimentado no sofrimento" (53,3). Significa, em suma, remover Maria do cenário da Sexta-feira Santa, no qual ela desempenha o papel de protagonista ao lado de Jesus no drama da redenção humana em sua etapa final.

***

Santa Maria, mulher que conhece a dança, mas também mulher que sabe o que é o sofrimento, decidida, já sob a cruz, a transpor para os ritmos da festa os estertores de teu Filho, ajuda-nos a compreender que a dor não é o destino final do ser humano. É apenas o vestíbulo obrigatório pelo qual se passa para deixar as bagagens: não se dança segurando as roupas! Não ousamos pedir-te nem o dom da anestesia nem a isenção das taxas da amargura. Apenas te rogamos que, no momento da provação, nos preserves do pranto dos desesperados.

Santa Maria, mulher que conhece a dança, se te imploramos que estejas conosco na hora de nossa morte corporal, é porque sabemos que também tu experimentaste a morte de verdade. Não tanto tua própria morte: esta "viveste" por um curto período, pois parou teus membros por apenas poucos instantes antes do último ligeiríssimo impulso em direção ao céu. Mas a absurda e violenta morte de teu Filho. Nós te suplicamos: renova para nós, no instante supremo, a ternura que tiveste com Jesus, quando "desde o meio-dia até as três horas da tarde, fez-se grande escuridão sobre toda a terra" (Mt 27,45). Naquelas horas tenebrosas, perturbadas apenas pelos suspiros do condenado, talvez tenhas feito dançar ao redor da cruz teus lamentos de mãe, implorando o retorno do sol. Pois bem, mulher do eclipse total, repete a dança ao redor das cruzes de teus filhos. Se estiveres lá, a luz não tardará a despontar. E mesmo o patíbulo mais trágico florescerá como uma árvore na primavera.

Santa Maria, mulher que conhece a dança, faze-nos entender que a festa é a última vocação do homem. Aumenta, portanto, nossas reservas de coragem. Duplica nossas provisões de amor. Alimenta as lâmpadas de nossa esperança. E faze que, nas frequentes carestias de felicidade que marcam nossos dias, não desistamos de esperar com fé aquele que finalmente virá para "transformar o lamento em dança e os farrapos em vestes de alegria" (Sl 30,11).

23

Maria, mulher do Sábado Santo

Nas festas, está ele. Nas vigílias, no centro, está ela. Tão discreta como uma brisa que traz à beira da casa o cheiro de verbenas, florescendo mais além do canteiro.

Há, às vezes, instantes tão densos de mistério que se tem a impressão de já terem sido vividos em outras estações da vida. E há instantes tão cheios de pressentimentos, que são vividos como antecipações de bem-aventuranças futuras.

No sábado santo, há mais do que alguns desses instantes. É como se os diques que comprimem o presente se rompessem repentinamente. A alma, então, se dilata nos espaços retrospectivos das memórias. Ou, esticando-se para a frente, atinge as margens do eterno, roubando seus segredos em rápidos vislumbres de felicidade. De que outra forma se pode explicar o emaranhado de alusões que, tendo acabado de passar a *Parasceve*,[3] se desenrola no primeiro augúrio de feliz Páscoa e se dissolve em mil riachos de recordações, fluindo entre laços de gestos rituais?

---

[3] Preparação da páscoa dos judeus que, no calendário cristão, corresponde à Sexta-feira Santa.

A casa, purificada, tem perfume de outros tempos. O amigo que chegou depois de tantos anos, cujos cabelos já grisalhos fazem vislumbrar relíquias de infâncias comuns. O presente opulento, ali na cozinha, entre cujas embalagens de papel laminado você procura em vão sabores da antiga sobriedade... quando ela estava viva e o armário escondia apenas as maravilhas dos ovos coloridos. O ventre vazio da igreja, cujo silêncio transborda de apelos, onde nas Vésperas você decide finalmente entrar, como fizera uma vez, para reconciliar-se com Deus e sentir restaurada a inocência perdida. E como se explica, se não com o colapso das represas erguidas pelos calendários terrenos, aquele sentimento generalizado de paz que, no Sábado Santo, ao menos de passagem, irrompe do futuro e o interpela com estranhas interrogações para as quais já sente que podes dar respostas alegres?

Haverá um tempo em que as pessoas estarão sempre trocando apertos de mão e sorrisos, como fazem hoje? Haverá dias sem o desgaste das lágrimas? Existirão espaços livres, onde não mais tiraremos nossos trajes de festa? Haverá de verdade períodos em que a vida será sempre assim? O fascínio arrebatador do Sábado Sagrado, que infunde na alma frêmitos de solidariedade até mesmo com as coisas e nos faz pensar se elas não têm também um futuro de esperança!

O que as árvores farão esta noite quando os sinos tocarem? As plantas do jardim espalharão juntas, como turíbulos de prata, a glória de suas resinas? E os animais do bosque uivarão seus concertos enquanto se canta o *Exultet* na igreja? Como reagirá o mar, que ronca sob o penhasco, ao anúncio da ressurreição? Será que o anjo de vestes brancas fará tremer até os portões dos prostíbulos? Além das portas do cemitério, os túmulos de meus mortos tremerão sob a lua cheia? E as montanhas, sem serem vistas por ninguém, dançarão de alegria ao redor dos vales?

Eu teria uma resposta capaz de explicar o tumulto dessas perguntas. Se, no Sábado Santo, o presente parece oscilar entre o passado e o futuro, é porque nesse dia a protagonista absoluta, embora silenciosa, é Maria. Depois da sepultura de Jesus, não restava mais ninguém além dela para guardar a fé na terra. O vento do Gólgota apagou todas as lâmpadas, mas deixou a lamparina dela acesa. Só a dela. Durante todo o sábado, portanto, Maria continua sendo o único ponto de luz em que se concentram os incêndios do passado e as tochas do futuro. Naquele dia, ela perambula pelas ruas da terra, com sua lamparina entre as mãos. Quando ela a levanta de um lado, faz emergir memórias de santidade da noite do tempo; quando a levanta do outro, antecipa reverberações de iminentes transfigurações das moradas do eterno.

***

Santa Maria, mulher do Sábado Santo, rio dulcíssimo no qual, ao menos por um dia, a fé de toda a Igreja confluiu, tu és o último ponto de contato com o céu que preservou a terra do trágico *blackout* da graça. Conduze-nos pela mão até o limiar da luz, da qual a Páscoa é a fonte suprema. Estabiliza em nosso espírito a doçura fugaz das memórias, para que, nos fragmentos do passado, possamos encontrar a melhor parte de nós mesmos. E desperta em nosso coração, através dos sinais do futuro, uma intensa nostalgia de renovação que se traduza em um compromisso confiante para caminhar na história.

Santa Maria, mulher do Sábado Santo, ajuda-nos a entender que, no fundo, toda a vida, suspensa como está entre as brumas da Sexta-feira e as expectativas do domingo da ressurreição, assemelha-se muito àquele dia. É o dia da esperança, no qual se lavam os linhos encharcados de lágrimas e de sangue, para que, depois de secos ao sol da primavera, se tornem toalhas de altar. Repete, pois, que não há cruz da qual não haja deposição. Não há amargura humana que não se dilua em um sorriso. Não há pecado que não encontre redenção. Não há sepulcro cuja pedra à sua entrada não seja provisória. Mesmo os lutos mais escuros se transformam em vestes de alegria. As rapsódias mais trágicas acenam aos primeiros passos de dança. E os últimos acordes das cantilenas fúnebres já contêm os motivos festivos do aleluia pascal.

Santa Maria, mulher do Sábado Santo, conta-nos como no crepúsculo daquele dia te preparaste para o encontro com teu Filho ressuscitado. Que traje vestiste? Que sandálias colocaste nos pés para correr mais rápido sobre a grama? Como amarraste os longos cabelos de nazarena? Que palavras de amor repassaste secretamente para dizê-las a ele em um só suspiro, assim que ele aparecesse diante de ti? Mãe dulcíssima, prepara-nos também para o encontro com ele. Desperta em nós a impaciência por seu retorno dominical. Adorna-nos com vestes nupciais. E, para enganar o tempo, coloca-te ao nosso lado e ensaiemos os cantos, pois aqui as horas não passam...

24

Maria, mulher do terceiro dia

Gostaria que fosse a própria Maria a entrar em sua casa, abrir a janela e dar-lhe o augúrio de feliz Páscoa. Um augúrio tão imenso quanto os braços daquele que foi condenado, estendidos na cruz ou erguidos em direção ao céu da liberdade. Muitos se perguntam com surpresa por que o Evangelho – enquanto nos fala de Jesus aparecido no dia de Páscoa a tantas pessoas, como Madalena, as piedosas mulheres e os discípulos – não relata nenhuma aparição do Filho ressuscitado à sua Mãe.

Eu teria uma resposta: porque não havia necessidade! Ou seja: não havia necessidade de Jesus aparecer a Maria, porque ela era a única que estava presente na ressurreição. Os teólogos, de fato, dizem que esse evento escapou aos olhos de todos. Teve lugar nas insondáveis profundezas do mistério e, em seu desdobramento histórico, não teve testemunhas. Penso, porém, que houve uma exceção: Maria era a única que tinha que estar presente nessa suprema peripécia da história. Como foi a única que esteve presente no momento da encarnação do Verbo. Como foi a única que esteve presente no momento da saída dele do ventre virginal de sua carne. E tornou-se a mulher do primeiro olhar sobre o Deus feito homem. Assim, deve ter sido a única que esteve presente no momento da saída dele do ventre virginal de pedra: o sepulcro, "no qual ninguém havia sido colocado" (Jo 19,41). E tornou-se a mulher do primeiro olhar sobre o homem feito Deus. Os outros foram testemunhas do Ressuscitado. Ela, da ressurreição. Além disso, se a ligação de Maria com Jesus foi tão estreita a ponto de ela compartilhar toda a sua experiência redentora, é impensável que a ressurreição, o momento vértice da salvação, a tenha visto dissociada de seu Filho. Seria sua única ausência. E permaneceria, além disso, uma ausência estranhamente injustificada.

De qualquer modo, para dar-nos a confirmação de quanto a história da Mãe está encravada na Páscoa do Filho, há pelo menos duas páginas no Evangelho, nas quais a frase "terceiro dia", sigla cronológica que designa a ressurreição, é referida à presença, ou melhor, ao protagonismo de Maria.

A primeira página é de São Lucas. Narra o desaparecimento de Jesus aos doze anos no Templo e seu reencontro no "terceiro dia" (2,46). Hoje, os estudiosos estão de acordo em interpretar esse episódio como uma profecia velada do que aconteceria mais tarde aos discípulos, no momento em que Jesus faz sua passagem deste mundo para o Pai, sempre em Jerusalém, em uma páscoa de muitos anos depois. Tratar-se-ia, então, de uma parábola alusiva ao desaparecimento de Jesus atrás da pedra do sepulcro e ao seu glorioso reaparecimento depois de três dias. A segunda página é de São João. Diz respeito às bodas de Caná, durante a qual a intervenção de Maria, antecipando a hora de Jesus, introduz o vinho da nova aliança pascal no banquete dos seres humanos e faz explodir de antemão a "glória" da Ressurreição. Bem, este episódio também é introduzido por uma marca registrada: "o terceiro dia" (2,1). Maria, então, é aquela que tem a ver com o "terceiro dia", a tal ponto que ela não é apenas a filha primogênita da Páscoa, mas, em certo sentido, é também sua mãe.

***

> Santa Maria, mulher do terceiro dia, desperta-nos do sono da rocha. E vem trazer-nos, no coração da noite, o anúncio de que é Páscoa também para nós. Não esperes os clarões da aurora. Não esperes que as mulheres venham com seus bálsamos. Vem tu primeiro com os reflexos do Ressuscitado em teus olhos e com o perfume de teu testemunho direto. Quando as outras Marias chegarem ao jardim, com os pés úmidos de orvalho, que nos encontrem já acordados e saibam que foram precedidas por ti, a única espectadora do duelo entre a vida e a morte. Não nos falta confiança em suas palavras. Mas sentimos tanto sobre nós os tentáculos da morte que o testemunho delas não nos basta. Elas viram, sim, o triunfo do vencedor. Mas não experimentaram a derrota do adversário. Somente tu podes assegurar-nos que a morte foi verdadeiramente morta, pois a viste sem vida no chão.

Santa Maria, mulher do terceiro dia, dá-nos a certeza de que, apesar de tudo, a morte não mais nos dominará; que as injustiças dos povos têm seus dias contados; que os incêndios das guerras estão sendo reduzidos a luzes crepusculares; que os sofrimentos dos pobres chegaram aos seus últimos suspiros; que a fome, o racismo, a droga são o saldo de contas antigas e fracassadas; que o tédio, a solidão e a doença são os atrasos devidos a antigas gestões; e que, finalmente, as lágrimas de todas as vítimas da violência e da dor serão logo enxugadas como a geada pelo sol da primavera.

Santa Maria, mulher do terceiro dia, rasga-nos do rosto o sudário do desespero e enrola para sempre em um canto as ataduras de nosso pecado. Apesar da falta de trabalho, de casa, de pão, conforta-nos com o vinho novo da alegria e com os ázimos pascais da solidariedade. Dá-nos um pouco de paz. Impede-nos de molhar nosso pedaço traidor no prato das ervas amargas. Livra-nos do beijo da covardia, preserva-nos do egoísmo e presenteia-nos com a esperança de que, quando chegar o momento do desafio decisivo, possas ser, também para nós como foi para Jesus, o árbitro que, no terceiro dia, finalmente homologará nossa vitória.

25

Maria, mulher da convivência

Não. Não lhes proponho uma ulterior consideração sobre o "sinal" das bodas de Caná e sobre a presença de Maria naquele banquete festivo. Em vez disso, desejo apresentar-lhes a singular definição que um escritor medieval, Ildefonso de Toledo, dá-nos da Virgem Santa: "Totius Trinitatis nobile triclinium", que significa: "Nobre mesa para as três pessoas divinas". Mediante essa esplêndida e ousada imagem, Nossa Senhora é colocada em relação com a Trindade e é descrita como a elegante mesa ao redor da qual o Pai, o Filho e o Espírito expressam sua convivialidade. Por associação de imagens, a fantasia corre para o célebre ícone de Rublev. No centro da cena, encontra-se uma mesa, que reúne as três pessoas em solidariedade de vida e comunhão de obras. Poder-se-ia pensar que Maria é precisamente aquela mesa nobre.

Fixemo-nos aqui: não queremos perder-nos em um terreno que já está cheio de armadilhas doutrinárias, inclusive para os teólogos mais astutos. De qualquer modo, é suficiente intuir que Nossa Senhora exerce um papel fundamental dentro do mistério trinitário.

Entretanto, se é difícil especular sobre o papel de Maria dentro da comunidade divina que vive no alto do céu, deveria ser mais fácil discernir sua função dentro de cada comunidade humana que vive aqui embaixo na terra. Sabemos: da família à paróquia, do instituto religioso à diocese, do grupo comprometido ao seminário... toda comunidade que quer viver a partir do Evangelho traz em si algo de sacramental: é, por sua própria natureza, um sinal e um instrumento da comunhão trinitária. Deve reproduzir sua lógica, viver sua convivialidade, expressar seu mistério. Poderíamos definir as comunidades eclesiais como deslocamentos terrenos, agências periféricas, uma redução em escala daquela misteriosa experiência que o Pai, o Filho e o Espírito fazem no céu.

No céu, três pessoas iguais e distintas vivem a comunhão a tal ponto que formam um só Deus. Na terra, várias pessoas iguais e distintas devem viver a comunhão a tal ponto que formem um só homem: o homem novo, Cristo Jesus. Cada agregação eclesial, portanto, tem a tarefa de apresentar-se como ícone da Trindade. Um lugar de relações verdadeiras, ou seja, no qual os rostos das pessoas sejam reconhecidos, sua igualdade seja promovida e se impeça sua diluição no anonimato da massa.

Dito isso, se Maria é a nobre mesa em torno da qual se assentam as três pessoas divinas, seria realmente difícil intuir que ela também desempenha papel principal no interior daquelas comunidades terrenas que chamamos de agências periféricas do mistério trinitário? E será realmente imprudente pensar que, sem esse "nobile triclinio" constituído pela Virgem, em torno do qual somos chamados a sentar, toda tentativa de comunhão estará destinada a naufragar?

***

Santa Maria, mulher da convivência, tu nos lembras a poesia comovente dos banquetes de outrora, quando, em dias de festa, na mesa estava ela, a outra mãe, que nos cobria com seus olhos um a um e, embora sem palavras, suplicava-nos com seu olhar lacrimoso que nos entendêssemos entre irmãos e nos quiséssemos bem. Ansiosa se alguém estivesse faltando e, finalmente, feliz quando o último dos filhos chegava a casa... Talvez somente no céu descubramos plenamente o quanto és importante para o crescimento de nossa comunhão humana. Na Igreja, acima de tudo. É verdade: essa se constrói em torno da Eucaristia. Mas não é menos verdade o fato de que és tu a mesa em torno da qual a família é convocada pela Palavra de Deus e sobre a qual o pão do céu é repartido. Tal como no ícone de Rublev. Faze-nos experimentar, portanto, a força unificadora de tua presença de mãe.

Santa Maria, mulher da convivência, alimenta em nossas igrejas a paixão da comunhão. Para isso, Jesus as desejou: para que, como tantas partículas eucarísticas disseminadas pela terra, pudessem introduzir no mundo, quase como uma rede capilar de publicidade, o estímulo e a nostalgia da comunhão trinitária. Ajuda-as a superar as divisões internas. Intervém quando o demônio da discórdia serpenteia em seu seio. Apaga as fogueiras das facções. Recompõe suas recíprocas contendas. Tempera suas rivalidades. Detém-nas quando decidem atacar por conta própria, negligenciando a convergência em projetos comuns. Enfim, convence-as profundamente de que, como as comunidades cristãs são pontos periféricos daqueles bens de comunhão que amadurecem em plenitude somente na Casa Trinitária, cada vez que rompem a solidariedade, vão contra os interesses da mesma Trindade.

Santa Maria, mulher da convivência, olha para nossas famílias em dificuldade. Vítimas dos furacões produzidos pelos tempos modernos, muitas naufragaram. Outras tantas, em profunda crise de comunicação, estão à deriva.

Pois bem, se percebes que tua imagem pende sobre um leito nupcial que não diz mais nada, desprende-te daquela parede que agora ficou fria e convida-os de volta à sua mesa. E uma vez que Ângelo e Enza tenham se apoiado em teus ombros, recompõe os antigos amores, desperta os sonhos de outrora, reacende as esperanças perdidas e faze-os entender que ainda se pode começar de novo.

Finalmente, pedimos-te por todos os povos da terra, dilacerados pelo ódio e divididos por interesses. Reaviva neles a nostalgia da única mesa para que, destruídas as ganâncias e extintos os ruídos de guerra, possam comer fraternalmente os pães da justiça. Embora diferentes em línguas, raças e culturas, ao sentarem ao teu redor, viverão novamente em paz. E teus olhos de mãe, experimentando aqui na terra aquela convivialidade das diferenças que caracteriza a comunhão trinitária no céu, brilharão novamente de alegria.

26

Maria, mulher do andar superior

Ícone. Este termo se refere a imagens sacras pintadas em madeira, que os orientais veneram com particular devoção. Envolvidos em luz, os ícones retêm uma centelha do mistério divino. E é justamente por isso que alguns os chamaram de janelas do tempo abertas para o eterno.

Ícone. Com este termo, talvez por causa do desenho nítido com que os ícones são esboçados, também se costuma chamar hoje aquelas cenas bíblicas que encerram, com a força imediata dos medalhões celebrativos, uma importante mensagem de salvação.

Pois bem, entre esses ícones, o primeiro capítulo de Atos registra um de extraordinário esplendor, quando diz que os apóstolos, depois da Ascensão, enquanto esperavam o Espírito Santo, "subiram ao andar superior" (At 1,12). E com eles estava também Maria, a Mãe de Jesus.

Essa é a última cena bíblica em que Nossa Senhora comparece. Assim, ela escapa definitivamente das luzes da ribalta. Do alto desse posto, do piso superior, ela nos indica os níveis espirituais nos quais a existência de todo cristão deve se desenvolver. Na verdade, toda a vida de Maria se desenvolveu, por assim dizer, em altitudes elevadas. Não que ela tenha desdenhado o domicílio do povo pobre. Longe disso. As esposas dos pastores trocariam com ela lã e queijo por um pano costurado por suas mãos. As vizinhas nunca se deram conta do mistério escondido naquela vida aparentemente tão terrena. Nem as camponesas de Nazaré sentiram nela qualquer tipo de distanciamento, como é comum naquelas pessoas que estão em busca de ascensão social e, muitas vezes, mortificam seus antigos colegas. Ia com elas ao comércio. Olhava os preços assim como elas. Saía com outras à rua para recolher a água das chuvas de verão. E, nas noites de maio, sua voz ressoava no pátio, acompanhando os refrões das antigas cantilenas orientais, sem jamais sobrepor-se a de ninguém.

Em síntese, embora consciente de seu destino sobre-humano, Maria nunca quis viver nos bairros nobres. Nunca construiu para si mesma pedestais de glória. E sempre rejeitou nichos que poderiam impedi-la da alegria de viver com as pessoas comuns. Contudo, reservou para si um ponto de vista altíssimo, a partir do qual pudesse contemplar não apenas o sentido último de suas vicissitudes humanas, mas também as longas trajetórias da ternura de Deus.

Há dois pontos estratégicos na vida de Maria que nos confirmam como ela era uma inquilina habitual daquele andar superior ao qual o Espírito Santo a chamou a habitar: as alturas do *Magnificat* e o altar do Gólgota. Daquelas alturas, ela estende seu olhar até os extremos confins do tempo. E, colhendo o distender-se da misericórdia de Deus de geração em geração, oferece-nos a leitura mais orgânica que se conhece da história da salvação. Daquele altar, ela estende seu olhar para os extremos confins do espaço. E, estreitando o mundo em um único abraço, oferece-nos a mais segura garantia de que os ângulos atingidos por seus olhos maternos serão também alcançados pelo Espírito que jorrou do lado de Cristo.

***

Santa Maria, mulher do andar superior, ícone esplêndido da Igreja, já tinhas vivido teu Pentecostes pessoal no anúncio do anjo, quando o Espírito Santo desceu sobre ti e o poder do Altíssimo te cobriu com sua sombra. Se, portanto, ficaste no cenáculo, foi apenas para implorar, para aqueles que estavam ao teu redor, o mesmo dom que um dia enriqueceu tua alma em Nazaré. Como precisamente a Igreja deve fazer, ela que, já possuída pelo Espírito, tem a tarefa de implorar, até o fim dos tempos, a irrupção de Deus sobre todas as fibras do mundo. Dá-lhe, portanto, o inebriamento das alturas, a medida dos tempos prolongados, a lógica dos juízos amplos. Empresta-lhe sua visão de futuro. Não permitas que ela se asfixie nas conversas de corredor. Preserva-a da tristeza de ficar presa, sem saída, nos estreitos limites do cotidiano. Faze-a olhar para a história a partir da perspectiva do Reino. Porque, somente se ela souber olhar por entre as fendas mais altas da torre, de onde os panoramas se alargam, poderá tornar-se cúmplice do Espírito e, assim, renovar a face da terra.

Santa Maria, mulher do andar superior, ajuda os pastores da Igreja a se tornarem inquilinos das regiões elevadas do espírito, de onde é mais fácil perdoar as fraquezas humanas, ser mais indulgente para julgar os caprichos do coração, ser mais intuitivo para confiar nas esperanças de ressurreição. Levanta-os do andar térreo dos códigos, pois somente a partir de certas alturas se pode captar o anseio de libertação que permeia os artigos da Lei. Faze que não se tornem guardiões inflexíveis das rubricas, as quais são sempre tristes quando não se pode ver a tinta vermelha do amor com a qual foram escritas. Estimula a mente deles para que saibam superar a frieza de um direito sem caridade, de um silogismo sem imaginação, de um projeto sem paixão, de um rito sem inspiração, de um procedimento sem genialidade, de um *logos* sem *sophía*. Convida-os a subir às alturas contigo, pois é somente a partir de certos pontos que o olhar pode realmente alargar-se até os extremos confins da terra e medir a vastidão das águas sobre as quais o Espírito Santo paira hoje novamente.

Santa Maria, mulher do andar superior, faze-nos contemplar de tuas janelas os mistérios gozosos, dolorosos e gloriosos da vida: a alegria, a vitória, a saúde, a enfermidade, a dor, a morte. Parece estranho, mas, somente a partir daquela altura, o sucesso não provocará vertigens e, somente naquele nível, as derrotas não nos farão precipitar no vazio. De lá de cima, de tua própria janela, sentiremos mais facilmente o vento fresco do Espírito e o júbilo de seus sete dons nos alcançará mais facilmente. Os dias serão impregnados de sabedoria, entenderemos onde os caminhos da vida nos levam, receberemos conselho sobre os caminhos mais viáveis, decidiremos enfrentá-los com fortaleza, tomaremos consciência das insídias que o caminho esconde, perceberemos a proximidade de Deus para com aqueles que peregrinam com piedade e nos disporemos a caminhar alegremente em seu santo temor. E, assim, apressaremos, como fizeste tu, o Pentecostes sobre o mundo.

Maria, mulher belíssima

É verdade. O Evangelho não nos diz nada sobre o rosto de Maria, nem tampouco sobre o rosto de Jesus. Talvez seja melhor assim, de tal modo que nenhum de nós fique privado da esperança de ouvir um dia, talvez de um arcanjo de passagem: "Sabia que você se parece muito com sua Mãe e seu irmão?".
De qualquer forma, Maria devia ser belíssima. E não falo apenas de sua alma. Sem nenhuma sombra de pecado, Maria era límpida a tal ponto que Deus se refletia nela. Como as montanhas eternas que, lá nos Alpes, se refletem na imóvel transparência dos lagos. Mas falo também de seu corpo de mulher. Quando chega a esse ponto, a teologia parece que sobrevoa a beleza física de Maria. Deixa que os poetas a celebrem: "Virgem bela, vestida de sol, coroada de estrelas, agradaste tanto ao sol supremo que em ti sua luz se acendia...". Confia-a às canções dos humildes: "Olha teu povo, bela senhora...". Ou aos refrões apaixonados do povo: "Surges mais bela do que a aurora... Não há estrela mais bela do que tu". Ou à rápida saudação de uma antífona: "Vale, o valde decora" [Exulta, ó Virgem tão bela!]. Ou às alusões litúrgicas do *Tota pulchra*: "Quão formosa sois, ó

Maria, ó quão santa sois. Em vós, não há a menor mancha, com quantas graças e virtudes ornou-vos o Senhor...".
A teologia não vai além disso, porém. Não se excede. Cala-se sobre a beleza humana de Maria. Talvez por pudor. Talvez por ter gasto tudo especulando sobre o fascínio sobrenatural dela. Talvez porque seja devedora de uma desconfiança ainda não superada em relação à função salvífica do corpo. Talvez porque se encontre preocupada em reduzir o encanto de Maria às dimensões da natureza, ou porque tema ter que pagar o imposto aos mitos do eterno feminino.

No entanto, não deveria ser difícil encontrar no Evangelho o sinal revelador da beleza corporal de Maria. Há uma palavra grega muito importante, carregada de significados misteriosos que ainda não foram totalmente explicitados. Essa palavra, que funda substancialmente toda a série dos privilégios sobrenaturais da Virgem de Nazaré, ressoa na saudação do anjo: "Kecharitomène". Traduzida com a expressão: "Cheia de graça". Mas não poderia encontrar seu equivalente em "graciosíssima"? Não aludiria, assim, também ao encantador esplendor do rosto humano de Maria? Creio que sim. E sem forçar nada. Assim como sem forçar, Paulo VI, em um célebre discurso de 1975, teve a audácia de falar pela primeira vez de Maria como "a mulher vestida de sol, em quem os mais puros raios da beleza humana se encontram com os raios sobre-humanos, mas acessíveis, da beleza sobrenatural".

***

Santa Maria, mulher belíssima, por meio de ti, queremos agradecer ao Senhor pelo mistério da beleza. Ele a disseminou aqui e ali sobre a terra, para que, ao longo do caminho, se mantivessem vivas em nosso coração de viandantes as nostalgias irreprimíveis do céu. Ele a faz resplandecer na majestade dos picos nevados, no absorto silêncio dos bosques, na força furiosa do mar, no frêmito perfumado da mata, na paz do entardecer. E é um presente que nos inebria de felicidade porque, nem que seja apenas por um instante, nos concede lançar um olhar por entre as fendas fugazes que dão para o eterno. Ele a faz brilhar nas lágrimas de uma criança, na harmonia do corpo de uma mulher, no encanto de seus olhos risonhos e fugidios, no sereno tremor dos anciãos, na tácita aparição de uma canoa deslizando sobre o rio, no tremular das camisas coloridas dos corredores que passam velozes ao amanhecer. E é um presente que nos faz lamentar por essa riqueza, como disse alguém, ser jogada e perdida na mesa verde do tempo.

Santa Maria, mulher belíssima, esplêndida como uma lua cheia de primavera, reconcilia-nos com a beleza. Tu sabes que ela dura pouco em nossas mãos vorazes. Desfaz-se rapidamente sob nossos contatos gananciosos. De repente, desseca-se ao sopro maligno de nossas ardentes ambições.

Contamina-se rápido ao impacto das nossas latentes luxúrias. Não sabemos tratá-la, enfim. E a escavação angustiante que se produz em nossa alma, em vez de ser sentida como uma ânfora de felicidade que nos faz cantar de alegria, nós a percebemos como uma ferida incurável que nos faz gritar de dor. Ajuda-nos, pedimos-te, a superar as ambiguidades da carne. Livra-nos de nosso espírito bruto. Dá-nos um coração tão puro quanto o teu. Restitui-nos a ânsia por transparências incontaminadas. E tira-nos a tristeza de ter que desviar nossos olhos das coisas belas da vida por medo de que o fascínio do efêmero nos faça desviar os passos dos caminhos que nos levam ao limiar do eterno.

Santa Maria, mulher belíssima, faze-nos compreender que é a beleza que salvará o mundo. Nem a força da lei, nem a sapiência dos doutos, nem a sagacidade das diplomacias o preservarão de uma catástrofe planetária. Hoje, infelizmente, na deriva dos valores, até mesmo os antigos estaleiros que outrora ofereciam ancoradouros estáveis às embarcações em perigo estão afundando. Vivemos estações crepusculares. Entretanto, neste quarto escuro da razão ainda há uma luz que poderá suscitar o bom senso: é a luz da beleza. É por isso, Santa Virgem Maria, que queremos sentir o fascínio, sempre benéfico, também de teu humano esplendor, assim como sentimos a lisonja, às vezes enganosa, das criaturas terrenas. Pois a contemplação de tua santidade sobre-humana já nos ajuda muito a preservar-nos do pântano. Mas saber que tu és belíssima no corpo, além de sê-lo na alma, é para todos nós motivo de imensa esperança. E isso nos faz intuir que toda beleza da terra é apenas uma rústica semente destinada a florescer nos celeiros do alto.

Maria, mulher elegante

O Evangelho não diz nada. Mas as referências bíblicas que aludem à elegância de Maria são muitas. Bastaria pensar naquela passagem do Cântico dos Cânticos em que a liturgia entrevê, como em filigrana, a figura de Nossa Senhora que luta em nosso favor contra as forças do mal: "Quem é esta que surge como a aurora, bela como a lua, brilhante como o sol, terrível como um exército em ordem de batalha" (6,10). O texto em latim diz: "Electa ut sol". *Electa* significa "elegante". Ambas têm a mesma raiz verbal. Elegante como o sol! Não há quem não note que, diante de Maria, os modelos desenhados por Valentino parecem andrajos e as criações de Giorgio Armani são como velhos retalhos.

Mas há também o Apocalipse, que retoma os elementos cósmicos do sol, da lua e das estrelas, com os quais a arte de todos os séculos se apropriou dos detalhes mais graciosos sobre a elegância de Maria: "Um grande sinal apareceu no céu: uma mulher vestida com o sol, com a lua debaixo dos pés e sobre a cabeça uma coroa de doze estrelas" (12,1). E, um pouco mais adiante, o mesmo Apocalipse repete um outro texto célebre que se refere, é verdade, à nova Jerusalém, mas no qual a tradição – através daquele jogo de dissoluções teológicas em que a realidade e os sinais muitas vezes se misturam – discerniu a presença de Maria: "Chegaram as bodas do Cordeiro: sua noiva está pronta, deram-lhe uma veste de linho puro, resplandecente. A veste de linho é a conduta justa dos santos" (19,7-8).

A Virgem, então, esta maravilhosa antecipação da Igreja, desce do céu, adornada de joias e véus, pronta como uma noiva adornada para seu noivo. Tudo isso é um hino à elegância de Maria. É claro que se trata de uma elegância que deve ser lida em termos de fineza interior e, certamente, não com base em suas visitas às butiques de Nazaré ou aos ateliês de alta-costura de Jerusalém. Meditando atentamente também os Evangelhos, as alusões à elegância física de Maria também não parecem estar totalmente fora de lugar.

Não sei se na intimidade da casa, onde florescem os apelidos da ternura, Jesus se divertia chamando sua Mãe com os nomes das plantas mais perfumadas, como a Igreja faria um dia: rosa de Jericó, lírio dos vales, cedro-do-líbano, palma de Cades... É de se supor, porém, que ele estava pensando nela, flor de beleza, quando um dia disse às multidões: "Vede como crescem os lírios do campo... Eu vos digo que nem mesmo Salomão, com toda a sua glória, vestia-se como um deles". Assim como é de se supor que ele estava pensando nela quando declarou: "A lâmpada do corpo é o olho. Se teu olho estiver iluminado, todo teu corpo estará na luz". Naquele momento, os olhos de sua Mãe devem ter brilhado. Aqueles olhos nos quais não apenas a transparência da alma reluzia, mas que davam também profundidade de santidade à elegância do corpo de Maria.

***

Santa Maria, mulher elegante, já que te vestias tão bem, concede-nos, pedimos-te, um pouco de tuas vestes. Abre teu guarda-roupa para nós. Acostuma-nos a teus gostos. Bem sabes que nos referimos àquelas vestes interiores que adornaram tua existência terrena: a gratidão, a simplicidade, a medida das palavras, a transparência, a ternura, a admiração. Estamos certos de que estas são roupas que ainda não saíram de moda. Mesmo que as tuas sejam grandes demais para nossa medida, faremos tudo para adaptá-las ao nosso tamanho. Revela-nos, pedimos-te, o segredo de teu estilo. Apaixona-nos por teu *esprit de finesse*. Preserva-nos daqueles lapsos de estilo que tantas vezes expõem nossa vulgaridade. Dá-nos um retalho de teu véu nupcial. E faze-nos descobrir, no esplendor da natureza e da arte, os sinais da elegância de Deus.

Santa Maria, mulher elegante, livra-nos daquele espírito áspero que carregamos dentro de nós, apesar das roupas finas que usamos, espírito esse que explode com tanta frequência em forma de violência verbal nos confrontos com o próximo. Quão longe estamos de tua elegância espiritual! Usamos roupas de marcas famosas, mas os gestos das relações humanas continuam desajeitados. Cobrimos nossa pele com os perfumes importados, mas transparece ambiguidade em nossos rostos. Usamos os dentifrícios mais procurados, mas nossa linguagem é banal. O vocabulário tornou-se bruto. O insulto se tornou um costume. As boas maneiras estão em declínio. Com efeito, se em certos espetáculos televisivos faltam os ingredientes da indecência, até mesmo os índices de audiência parecem cair. Dá-nos, portanto, um sobressalto de graça que compense nossas intemperanças. E faze-nos compreender que, até que vejamos naquele que está ao nosso lado um rosto a ser descoberto, contemplado e acariciado, os refinamentos mais sofisticados permanecerão sempre formais e as roupas mais caras não serão capazes de mascarar nossa alma de trapos.

Santa Maria, mulher elegante, tu que, com tanta atenção, captaste a passagem de Deus em tua vida, faze que possamos também captar sua brisa. Ele também é muito elegante e dificilmente irrompe em nossa história com o poder do fogo, do furacão ou do terremoto; mas, como no Monte Horebe, faz-se sentir no suave sussurro das folhas. Precisamos ter antenas delicadas para registrar sua presença. É necessário um ouvido sensível para perceber o barulho dos passos dele quando, ao meio-dia, como fez com Adão, desce novamente em nosso jardim. Ajuda-nos a intuir toda a delicadeza de Deus naquela expressão bíblica com a qual ele, o Senhor, quase expressa o pudor de perturbar-nos (talvez tenha ditado essas palavras a João, quando este escrevia o Apocalipse): "Eis que estou à porta e bato. Se alguém ouvir minha voz e abrir a porta para mim, eu entrarei e cearei com ele e ele comigo" (3,20). Torna-nos disponíveis para responder, com a fineza de teu estilo, à discreta batida dele. Assim, poderemos abrir-lhe imediatamente a porta, fazer-lhe festa e conduzi-lo à nossa mesa. E, já que ele fica conosco, por que não permaneces tu também para a ceia?

29

Maria, mulher de nossos dias

Maria, queremos senti-la assim: como se fosse de casa, como quem fala nosso dialeto. Uma especialista em tradições antigas e costumes populares, que, através das coordenadas de dois ou três nomes, reconstrói o quadro de parentesco e acaba nos fazendo descobrir que somos consanguíneos com quase toda a cidade.

Queremos vê-la assim. Imersa na crônica do povoado. Com as roupas de nosso tempo, sem intimidar a ninguém, ganhando o pão como as outras pessoas, estacionando o carro ao lado do nosso. Uma mulher de qualquer idade: de quem todas as filhas de Eva, qualquer que seja a estação de sua vida, podem se sentir próximas.

Gostaríamos de imaginá-la como uma adolescente vindo da praia nas tardes de verão, bronzeada de sol e beleza, carregando um fragmento do oceano esverdeado em seus olhos límpidos. No inverno, com sua mochila colorida, vai também à academia. Passando pela rua, cumprimenta as pessoas com educação. Inspira naqueles que a veem nostalgias de castidade. E conversa com os amigos, quando os encontra, à tardinha. Deixa seus interlocutores felizes e eles retribuem com sorrisos sem malícia.

E vai de braço dado com suas companheiras, escuta suas confidências secretas e as estimula a amar a vida.

Queremos dar-lhe nosso sobrenome... e pensar nela como aluna de uma turma de Ensino Médio, ou como operária em uma fábrica de malhas de nossa cidade, ou como auxiliar no escritório do contador do outro lado da rua, ou como vendedora em uma loja de uma avenida conhecida.

Queremos vê-la enquanto passa pelas ruas do centro histórico e se detém para conversar com as mulheres. Ou encontrá-la no cemitério aos domingos, enquanto deposita uma flor para seus mortos. Ou quando vai ao mercado às quintas-feiras, e também pede descontos. Ou quando, com todas as outras mães em frente ao colégio, espera que seu filho saia da escola para levá-lo para casa e cobri-lo de beijos.

Não a queremos como hóspede, mas, sim, como concidadã. Participando de nossos problemas comunitários. Preocupada com o mal-estar que agita a cidade. Mas também contente em compartilhar nossa experiência espiritual, contraditória e emocionante. Orgulhosa pela profundidade cultural de nossa cidade, por suas igrejas, por sua arte, por sua música, por sua história. E feliz de pertencer à nossa linhagem de trabalhadores rurais ou operários, exilados incuravelmente encantados por sua terra natal.

Maria, queremos senti-la assim: toda nossa, mas sem ciúme. Cantando *Noite Feliz* no Natal e *Vexilla Regis* na Quaresma, com as mesmas cadências de nossas mulheres que desfilam em procissão com as velas acesas.

Nós a queremos como nossa conterrânea, em nossos sonhos festivos e em nossas asperezas cotidianas, sempre pronta para auxiliar-nos. Para contagiar-nos com sua esperança. Para fazer--nos sentir, com sua comovente pureza, a necessidade de Deus. E para compartilhar conosco momentos de festa e de lágrimas. Fadigas de colheitas e de moinhos. Perfumes de forno e de lavanderia. Lágrimas de partidas e chegadas. Como uma vizinha dos tempos antigos. Ou como uma dulcíssima inquilina que se debruça na varanda de nosso condomínio. Ou como uma esplêndida criatura que divide conosco o mesmo quintal. E enche de luz a quadra inteira.

***

Santa Maria, mulher de nossos dias, vem habitar entre nós. Predisseste que todas as gerações te chamariam bem--aventurada. Pois bem, entre essas gerações está também a nossa, que quer cantar teus louvores não só pelas grandes coisas que o Senhor fez em ti no passado, mas também pelas maravilhas que ele continua a realizar em ti no presente. Faze que possamos sentir-te próxima a nossos problemas. Não como uma senhora que vem de longe para resolvê-los com o poder de sua graça ou com os habituais formulários impressos repetidamente. Mas como alguém que, tendo vivido os mesmos problemas em sua própria pele, conhece sua dramaticidade sem igual, percebe suas nuances e capta seu alto nível de tribulação.

Santa Maria, mulher de nossos dias, livra-nos do perigo de pensar que as experiências espirituais que viveste há dois mil anos são hoje inatingíveis para nós, filhos de uma civilização que, depois de se proclamar pós-moderna, pós-industrial e pós-não sei o quê, também se qualifica como pós-cristã. Faze-nos compreender que a modéstia, a humildade, a pureza são frutos de todas as épocas da história e que o passar do tempo não alterou a composição química de certos valores, como a gratuidade, a obediência, a confiança, a ternura, o perdão. Estes são valores que ainda se mantêm e que nunca cairão em desuso. Volta, portanto, para nosso meio e oferece a todos nós a edição atualizada dessas grandes virtudes humanas que te fizeram grande aos olhos de Deus.

Santa Maria, mulher de nossos dias, dando-te por nossa Mãe, Jesus fez de ti não só conterrânea, mas também contemporânea de todos. Prisioneira no mesmo fragmento de espaço e de tempo. Ninguém, portanto, pode culpar-te pelas distâncias geracionais, nem é lícito suspeitar que és incapaz de entender os dramas de nossa época. Coloca-te, então, ao nosso lado e escuta-nos enquanto te confiamos os anseios cotidianos que assolam nossa vida moderna: o salário que não é suficiente, o cansaço do estresse, a incerteza do futuro, o medo de não dar conta, a solidão interior, o desgaste dos relacionamentos, a instabilidade dos afetos, a difícil educação dos filhos, a incomunicabilidade até mesmo com as pessoas mais queridas, a absurda fragmentação do tempo, a vertigem das tentações, a tristeza das quedas, o tédio do pecado... Faze-nos sentir tua presença tranquilizadora, ó coetânea dulcíssima de todos. E que nunca haja um chamado no qual não ressoem nossos nomes e no qual, sob a mesma letra alfabética, não ressoe também o teu. E que, além disso, não se ouça tu responder: "Presente!". Como uma antiga colega de escola.

30

Maria, mulher da última hora

"Nunc et in hora mortis nostrae." Soa melhor em latim. Especialmente quando a Ave-Maria é cantada. Parece, então, que a corrente melódica desemboca em um mar de ternura e concentra nas últimas quatro palavras os mais sanguíneos apelos do homem. "Agora e na hora de nossa morte." Nas línguas modernas, não é menos impressionante, sobretudo quando, ao despontar das sombras da noite, a Ave-Maria é recitada pelos mais pobres nos bancos de uma igreja, com a cadência do rosário. Parecem cadências monótonas, mas, do cerne daquelas parcas palavras, emanam emaranhados de sensações intraduzíveis, que não entendemos bem se nos empurram para além da fronteira que separa o tempo da eternidade ou se nos puxam de volta para os espaços de um passado remoto, carregado de recordações.

O certo é que, cada vez que essas palavras se repetem, a mente se enche de imagens dulcíssimas, entre as quais predomina a imagem dela, a outra mãe, que nas tardes de inverno ou sob as estrelas nas noites de verão, rodeada de familiares e vizinhos, repetia com a coroa do Rosário em suas mãos: "Santa Maria, Mãe de Deus...". Parece que nada mais poderia ser pedido a Nossa Senhora: "Rogai por nós, pecadores". Talvez porque, no fundo, o essencial está aí. Todo o resto é corolário daquele único pedido. E eis que se repetem, cinquenta vezes, esta mesma súplica pungente: "Agora e na hora de nossa morte". No entanto, perguntamo-nos por que a Ave-Maria torna essencial essa súplica, a ponto de reduzi-la a um único pedido? Pode haver duas razões:

- Em primeiro lugar, Maria é uma especialista daquela hora, porque estava presente na hora do Filho. Ou seja, ela vive como protagonista a suprema peripécia da morte e glorificação para a qual toda a história da salvação se precipita. Naquela hora, Jesus lhe entregou seus irmãos, simbolizados por João, para que os considerasse como seus filhos. A partir daquele momento, ela se torna guardiã de nossa última hora e se torna presente naquela fração de tempo em que cada um de nós arrisca o seu destino eterno.

- O segundo motivo reside no fato de que a *hora mortis* é uma passagem difícil. Uma passagem que causa medo, devido àquela carga de desconhecido que traz consigo. Uma viagem perturbadora, pois é a única que não pode ser programada em relação ao tempo, lugar e modalidade. É como se estivéssemos diante de uma vacilante ponte de madeira, que oscila na altura de um longo rio, pronto para tragar-nos. Daí o realismo da oração: "Ora pro nobis... nunc et in hora mortis nostrae". Ou seja, tu, que és especialista daquela hora, auxilia-nos, para que, quando ela bater no relógio de nossa vida, possamos acolhê-la com a serenidade de Francisco de Assis: "Louvado sejas, meu Senhor, por nossa irmã morte corporal, da qual nenhum homem vivo pode escapar".

***

Santa Maria, mulher da última hora, quando chegar para nós a grande noite e o sol se apagar nos lampejos do crepúsculo, fica ao nosso lado para que possamos enfrentar a noite. É uma experiência que já tiveste com Jesus, quando em sua morte o sol se eclipsou e uma grande escuridão caiu sobre toda a terra. Repete essa experiência conosco. Planta-te sob nossa cruz e vela por nós na hora das trevas. Liberta-nos da consternação do abismo. Mesmo no eclipse, dá-nos vislumbres de esperança. Infunde em nossa alma cansada a doçura do sono. Seja como for, que a morte nos encontre vivos! Se nos ajudares, não haveremos de temê-la. Ao contrário, experimentaremos o último instante de nossa vida como o ingresso em uma catedral fulgurante de luz ao final de uma longa peregrinação com uma tocha acesa. Tendo chegado ao adro, depois de tê-la apagado, deporemos a tocha. Não precisaremos mais da luz da fé que iluminou nosso caminho. A essa altura, serão os esplendores do templo que inundarão nossas pupilas de felicidade. Faze, pedimos-te, que possamos viver nossa morte assim.

Santa Maria, mulher da última hora, o Evangelho nos diz que Jesus, quando entregou o espírito na cruz, inclinou a cabeça (Jo 18,30). Provavelmente, como muitos artistas intuíram, ele reclinou a cabeça sobre a tua, na mesma atitude de abandono de quando, ainda criança, era tomado pelo sono. Em pé junto ao patíbulo, talvez sobre um banco de pedra, tornaste-te, assim, seu travesseiro de morte.

Pedimos-te: quando chegar, também para nós, o momento de entregar-nos ao Pai e nenhum dos presentes puder responder mais aos nossos apelos, e nós nos submergirmos naquela solidão que nem mesmo as pessoas mais caras podem preencher, oferece-nos tua cabeça como nosso último travesseiro. O calor de teu rosto, naquele último instante da vida, evocará das tumbas jamais abertas de nossa consciência outro instante: o primeiro após o nascimento, quando experimentamos o calor de outro rosto, que se assemelhava tanto ao teu. E talvez só então, embora com as luzes fracas da mente que se apaga, entendamos que as dores da agonia não são nada mais do que o trabalho de um parto iminente.

Santa Maria, mulher da última hora, disponde-nos à grande viagem. Ajuda-nos a soltarmos nossos ancoradouros sem medo. Cuida tu mesma dos procedimentos de nosso passaporte. Se conseguirmos teu visto, não teremos mais nada a temer na fronteira. Ajuda-nos a saldar, com os sinais do arrependimento e o pedido de perdão, as últimas pendências diante da justiça de Deus. Obtém-nos os benefícios da anistia, que ele nos prodigaliza com generosa misericórdia. Em síntese, põe nossos papéis em ordem para que, tendo chegado à porta do paraíso, ela possa abrir-se de par em par quando batermos. E, finalmente, entraremos no Reino, acompanhados pelo eco do *Stabat Mater*,[4] que, com acentos de tristeza e esperança, mas também com a intenção de agarrar-nos de antemão à tua proteção, cantamos tantas vezes em nossas igrejas no final da *via crucis*: "Quando corpus morietur, fac ut animae donetur paradisi gloria. Amém".

---

[4] É uma prece ou, mais precisamente, uma *sequentia* católica do século XIII (Wikipedia). (N.E.)

31

Santa Maria, companheira de viagem

Santa Maria, Mãe terna e forte,
nossa companheira de viagem nas estradas da vida,
toda vez que contemplamos
as grandes coisas que o onipotente fez em ti,
experimentamos uma intensa melancolia
por nossas lentidões
e sentimos a necessidade de alargar o passo
para caminhar junto de ti.
Atende, portanto, nosso desejo
de tomar-te pela mão
e acelera nossas cadências de caminhantes
um tanto cansados.
Feitos também nós peregrinos na fé,
não apenas buscaremos o rosto do Senhor,
mas, contemplando-te como ícone
da solicitude humana
para com aqueles que se encontram em necessidade,
chegaremos às pressas à "cidade",

trazendo-lhes os mesmos frutos de alegria
que levaste um dia à distante Isabel.

Santa Maria, Virgem da manhã,
dá-nos a alegria de intuir,
ainda que em meio à névoa da aurora,
as esperanças do novo dia.
Inspira-nos palavras de coragem.
Não deixes que trema nossa voz quando,
a despeito de tantas maldades e pecados
que envelhecem o mundo,
ousamos anunciar que tempos melhores virão.
Não permitas que, em nossos lábios,
o lamento prevaleça sobre o encanto,
o desânimo supere a operosidade,
o ceticismo esmague o entusiasmo,
e o peso do passado nos impeça de dar crédito ao futuro.
Ajuda-nos a apostar com mais audácia nos jovens
e preserva-nos da tentação de espoliá-los
com a astúcia de palavras estéreis,
conscientes de que, somente a partir de nossas opções
de autenticidade e coerência,
eles ainda estarão dispostos a deixar-se seduzir.
Multiplica nossas energias
para que saibamos investi-las

no único negócio ainda rentável no mercado da civilização:
a prevenção das novas gerações
dos males atrozes que hoje encurtam o respiro da terra.
Dá às nossas vozes a cadência dos aleluias pascais.
Encharca de sonhos as areias de nosso realismo.
Torna-nos cultores de cálidas utopias,
de cujas fendas sangra a esperança sobre o mundo.
Ajuda-nos a entender
que nos fixar nos brotos que despontam nos ramos
vale mais do que chorar sobre as folhas que caem.
E infunde-nos a segurança de quem já vê o oriente
incendiar-se aos primeiros raios do sol.

Santa Maria, Virgem do meio-dia
dá-nos o inebriamento da luz.
Já estamos saturados de experimentar
o apagar-se de nossas lâmpadas,
o declinar das ideologias de poder
e o prolongamento das sombras do crepúsculo
nos estreitos caminhos da terra,
para não sentirmos a nostalgia do sol do meridiano.
Arranca-nos da desolação da derrota
e inspira-nos a humildade da busca.
Sacia nossa sede de graça na concha de tua mão.
Traze-nos de volta à fé
que outra mãe, pobre e boa como tu,

transmitiu-nos quando éramos crianças
e que talvez um dia tenhamos em parte vendido
por uma miserável porção de lentilhas.
Tu, mendicante do Espírito,
enche nossas ânforas com o óleo
destinado a queimar diante de Deus:
já o fizemos arder demais
diante dos ídolos do deserto.
Faze-nos capazes de abandonos sobre-humanos nele.
Tempera nossas soberbas carnais.
Faze que a luz da fé,
mesmo quando assume acentos de denúncia profética,
não nos torne arrogantes ou presunçosos,
mas nos dê o júbilo da tolerância e da compreensão.
Acima de tudo, porém, livra-nos da tragédia
de que nosso crer em Deus
torne-se estranho às opções concretas de cada momento,
tanto públicas quanto privadas,
e corra o risco de nunca se fazer carne e sangue
no altar da vida cotidiana.

Santa Maria, Virgem da tarde,
Mãe da hora em que se retorna para casa
e se saboreia a alegria de sentir-se acolhido por alguém,
e se vive o prazer indizível de sentar-se para jantar com os outros,
dá-nos o presente da comunhão.

Maria, mulher de nossos dias

Pedimos-te por nossa Igreja,
que não parece estranha nem mesmo
às lisonjas da fragmentação,
do paroquialismo e do fechamento
nos perímetros marcados pela sombra do campanário.
Pedimos por nossa cidade,
que, frequentemente, o espírito partidário reduz
de tal modo a uma terra disputada,
que, às vezes, parece feita terra de ninguém.
Pedimos por nossas famílias,
para que o diálogo, o amor sacrificado
e a fruição serena dos afetos domésticos
as tornem lugar privilegiado
de crescimento cristão e civil.
Pedimos por todos nós,
para que, longe das excomunhões
do egoísmo e do isolamento,
possamos estar sempre do lado da vida,
lá onde ela nasce, cresce e morre.
Pedimos pelo mundo inteiro,
para que a solidariedade entre os povos
não seja vivida como "um" dos muitos compromissos morais,
mas seja redescoberta como o "único" imperativo ético
sobre o qual se funda a convivência humana.
E os pobres possam sentar-se
à mesa de todos com igual dignidade.

E a paz se torne o objetivo
de nossos empenhos diários.

Santa Maria, Virgem da noite,
imploramos-te que estejas perto de nós,
quando chegar a dor
e irromper a provação,
quando rugir o vento do desespero
e pairar sobre nossa existência
o céu sombrio das angústias,
o frio das desilusões
ou a asa severa da morte.
Livra-nos dos arrepios das trevas.
Na hora de nosso calvário,
tu, que experimentaste o eclipse do sol,
estende teu manto sobre nós
para que, envoltos por teu alento,
seja-nos mais suportável a longa espera da liberdade.
Alivia com carícias de mãe o sofrimento dos doentes.
Preenche de presença amiga e discreta
o tempo amargo de quem está só.
Apaga os focos de nostalgia no coração dos navegantes
e oferece-lhes teu ombro para descansar a cabeça.
Preserva de todo mal nossos entes queridos
que labutam em terras distantes
e conforta, com a luminosidade de teus olhos,
quem perdeu a confiança na vida.

Maria, mulher de nossos dias

Repete ainda hoje a canção do Magnificat
e anuncia o transbordamento da justiça
a todos os oprimidos da terra.
Não nos deixes sozinhos à noite
a salmodiar nossos medos.
Pelo contrário, se, nos momentos de escuridão,
estiveres ao nosso lado
e nos sussurrares que tu também,
Virgem do Advento,
estás esperando a luz,
as fontes do pranto secarão em nosso rosto.
E juntos despertaremos na aurora.
Assim seja.

Paulinas
Rua Dona Inácia Uchoa, 62
04110-020 – São Paulo – SP (Brasil)
Tel.: (11) 2125-3500
paulinas.com.br – editora@paulinas.com.br
Telemarketing e SAC: 0800-7010081